글로벌
프랑스어
첫걸음

이필성 지음

어문학사

머리말

　오늘날 우리 생활의 밀도는 시간도 공간도 전시대보다 점점 더 짙어지고 있어서 전시대의 사고와 생활방식으로는 시대적 경쟁에 어려운 점이 많아 뒤쳐질 상황입니다. 특히 다른 국가들과는 바로 옆집의 개념이 되어가고 있습니다.

　영어의 위상이 모든 언어 중 가장 크다 할 것이나, 그러한 상황은 이미 변화를 보이고 있고 그러한 변화에 미리 대처할 자세가 필요하다고 생각됩니다. 글로벌 구도에서 큰 축 중의 하나인 유럽, 그중 프랑스의 언어를 익히는 것은, 그 영향력이 현재는 적다 할지라도 시대적 상황에서 보면 기대 이상의 효과를 가져 올 가능성이 높다 하겠습니다. 바로 앞에 닥쳤을 때 시작하는 것은 이미 늦은 것일 수도 있습니다. 이제 조금 더 앞을 내다보고 영어 이외의 다른 언어를 준비해 보기 바랍니다.

　영어와 프랑스어는 구조적으로 밀접한 관계가 있습니다. 오늘날은 영어의 영향력이 크지만 역사적으로 영어는 프랑스어의 영향을 오래 받았습니다.

노르망디 공 윌리엄 1세의 잉글랜드 침공으로 영국에서 노르만 왕조(1066~1154)가 열린 이후로 플랜태저넷 왕조(1154~1399)를 거치는 300여 년간 영어는 프랑스어의 영향을 받아서 프랑스어에서 유래한 어휘도 많고 유사한 어휘도 많습니다.

언어습관이나 사고방식이 한국어-프랑스어보다는 영어-프랑스어가 더 이해가 쉬운 경우가 많기 때문에 때로 영어로 설명하는 것이 용이할 때가 많습니다. 이 교재에서는 어렵지 않은 표현으로 가능한 영어표현과 비교하여 살리려 했습니다. 표현이나 문법에서는 깊은 부분까지 다루기보다는, 원칙에 어긋나지 않는 범위 내에서 학습자들의 이해를 돕기 위하여 쉬운 이론을 적용했음을 밝혀둡니다.

이 교재의 구성은 오랫동안 학생들과 수업을 해오면서 사용한 자료들을 첨삭 확장하는 과정에서 만들어진 것이며 학생들의 설문조사를 통하여 선호되는 방식을 택했습니다.

이 교재는 기본사항, 내용, 동사변화표, 해답으로 구성되어 있습니다. 기본 사항에서는 일상적인 인사, 알파벳, 발음, 성(性)과 일치, 영어와의 차이점, 동사 등이 있습니다. 거의 대부분의 한국인들이 처음 배우는 외국어를 영어로 시작함에 따라 외국어에 대한 마인드가 영어화 되어 있습니다. 영어와의 차이점에서는 프랑스어 수업의 초기에 많은 학생들이 어려움을 겪는 영어와의 혼동을 해소하는 사항을 다루고 있습니다.

내용은 10개 과로 표현력, 보충사항(기본어휘, 도움말) 자율문제, 연습문제로 되어 있습니다.

A	Expression	표현
B	Complementaire	보충사항
C	Étude	자율문제
D	Exercice	연습문제

단어설명에서 약자들은 다음과 같습니다.

v.	v.pr	n.	a.	a.poss.	ad.
동사	대명동사	명사	형용사	소유형용사	부사
ad.intr.	loc.ad.	pron.	pron.dém.	pron.int.	pron.ind.
의문부사	부사구	대명사	지시대명사	의문대명사	부정대명사
prép.	conj.	m.	f.	s.	pl.
전치사	접속사	남성	여성	단수	복수

* 등장인물

마리 로랑 (여)
20세 빠리 소르본 대학생

뽈 루이 (남)
20세 미국에서 유학 온 대학생
영어식 발음은 폴 루이스

| 차례 |

머리말　　　　　　　　2

1부 기본사항

Ⅰ Salutation　　　10
Ⅱ Alphabet　　　12
Ⅲ Prononciation　　　13
Ⅳ Genre et Accord　　　18
Ⅴ Comparaison　　　22
Ⅵ Verbe　　　29

2부 내용

Leçon 1 Présentation (1)
A Expression　　　32
B Complément　　　33
C Étude　　　35
D Exercice　　　36
　베르사이유 궁전

Leçon 2 Présentation (2)
A Expression　　　38
B Complément　　　39
C Étude　　　42
D Exercice　　　43
　에뚜왈 개선문

Leçon 3 Sa famille (1)
A Expression　　　45
B Complément　　　46
C Étude　　　48
D Exercice　　　50
　소르본 대학

Leçon 4 Sa famille (2)
A Expression　　　52
B Complément　　　54
C Étude　　　59
D Exercice　　　61
　오르세 미술관
　꺄흐띠에 라땡

Leçon 5 Un petit dialogue		Leçon 6 Son programme (1)	
A Expression	64	A Expression	72
B Complément	66	B Complément	73
C Étude	69	C Étude	76
D Exercice	70	D Exercice	77
루브르 박물관		그랑제꼴과 빠리고등사범학교	

Leçon 7 Son programme (2)		Leçon 8 Anniversaire	
A Expression	80	A Expression	87
B Complément	82	B Complément	89
C Étude	84	C Étude	91
D Exercice	85	D Exercice	92
에펠탑		뽕삐두센터	

Leçon 9 Invitation (1)		Leçon 10 Invitation (2)	
A Expression	94	A Expression	103
B Complément	96	B Complément	105
C Étude	100	C Étude	107
D Exercice	101	D Exercice	108
샹젤리제 거리		빠리 지도	

3부 규칙 동사와 불규칙 동사표

Ⅰ 불규칙 동사	112
Ⅱ 1군 규칙 동사	115
Ⅲ 2군 규칙 동사	117

4부 해 답

1부

기본사항

I   Salutation

II   Alphabet

III   Prononciation

IV   Genre et Accord

V   Comparaison

VI   Verbe

I Salutation (쌀뤼따씨옹) 인사

A. Bonjour[1], tous le monde[2]. (봉쥬흐 뚤르 몽드)
B. Bonjour Monsieur. (봉쥬흐 무쓔)

> A 우리 말의 '안녕하세요 여러분.'에 해당한다. 흔히 낮에 'Bonjour.' 라고 인사하고 그 외의 경우에는 'Bonsoir (봉스와흐)' 라고 인사한다. 낮인지 저녁인지의 기준은 다소 주관적이다. 그러나 세분화해서 오후에 'Bon après-midi.'(보 나프레 미디.) 라고 하는 경우도 있다.
> *B '안녕하세요.' 라고 답한다. 영어보다는 더 다양하고 빈번하게 호칭, Monsieur (무슈) Mademoiselle (마드모아젤) Madame (마담)을 사용하는데 영어의 Mr. Miss. Mrs.에 해당한다. 약자로 M. Mlle. Mme. 라고도 쓴다.

---

[1] bonjour (good morning) bonsoir (봉스와흐) (good evening) salut (쌀뤼) (hi, hello)
[2] tous le monde (뚤르 몽드) (everybody) chers amis (쉐흐 자미) (dear friends) Mesdames et Messieurs (메담제 메씨으) (Ladies and gentlemen)

A Comment allez-vous? (꼬망 딸레 부?)[3][4]

B Je vais bien, (merci)[5]. Et vous?[6] (에 부?)

A Je vais bien, (merci). (쥬베 비앙, 메흐씨)

---

*A 영어의 'How are you?' 정도에 해당한다.

*B I'm fine, (thank you) and you?

*A I'm fine (tnank you).

A Au revoir, M.(Mlle. Mme.) (오 흐브와흐)

B À demain, (bonne journée). (아 드맹, 본 쥬흐네)

A (Bonne journée), à demain.

---

*A 헤어질 때의 인사말로 See you again. 정도에 해당한다.

*B 내일 만나요.(좋은 하루 되세요)
    See you tomorrow (have a nice day).

*A (Have a nice day) see you tomorrow.

---

3) How are you? How are you doing? How's everything? / Ça va? (싸 바?)
4) Vous allez bien? (부잘레 비앙?) 도 같은 의미이다.
5) Je vais pas mal. (쥬 베 빠말) (Not bad.)
   Je vais comme-ci, comma-ça. (쥬 베 꼼씨 꼼싸)=(Not so good. So-so.)
6) Et vous (Monsieur comment allez-vous)?

II Alphabet (알파베) 알파벳

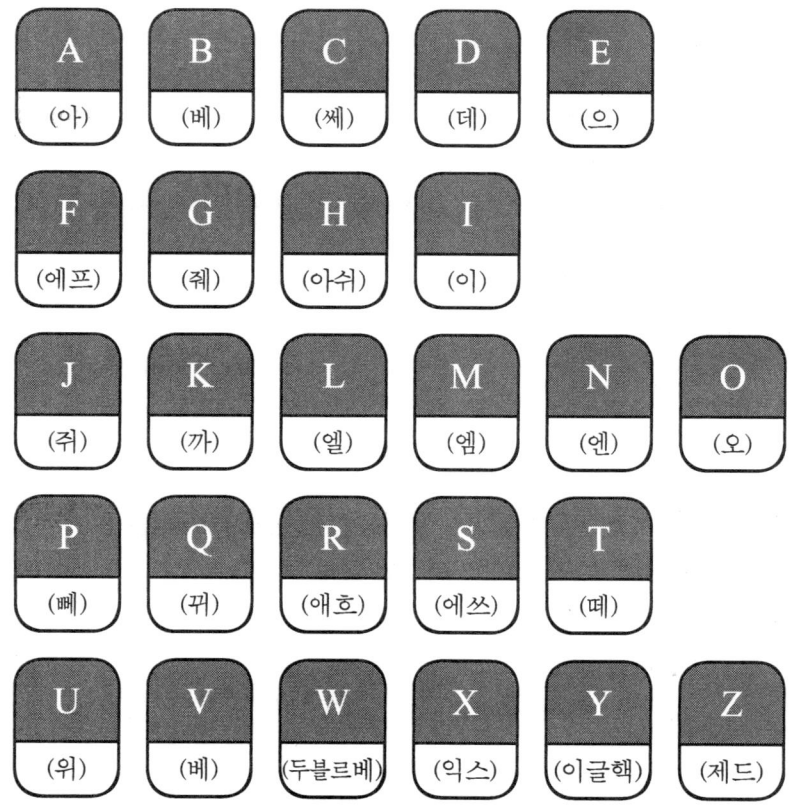

III Prononciation (프로농씨아씨옹) 발음

프랑스어는 학습할 때 처음 단계가 상대적으로 영어보다는 조금 더 어려운데 그 이유는 3가지로 생각해 볼 수 있다. 그것은 발음, 성(性), 영어와의 혼동에서 찾을 수 있다.

발음 문제에서는, 우리말에 없는 발음도 여럿 있그, 영어보다 더 융통성이 많고 가변적이므로 이 차이를 인식하는 것이 먼저이다. 영어를 학습하던 경험에 미루어 단순비교 하지 말고, 불안허하거나 집착하지 말고 심리적인 부담감에서 벗어나는 것이 필요하다. 비근한 예로 한국에서 활동하고 있는 마담 이다 도시(Ida Daussy)의 경우 한국인과 결혼하고 귀화하여 오래 한국에 살고 있지만 한국인처럼 발음이 되지 않는다. 그렇다고 한국인들이 그녀의 한국어를 못 알아듣거나 어려워하지 않는다. 한국의 방송에도 자주 출연하는 것처럼 한국인이 프랑스어를 말하는 것도 그와 같은 상황에서 생각하면 무리가 없을 듯하다.

1. 콧소리

프랑스어의 가장 큰 특징인 콧소리는 예외의 경우도 있지만 원칙적으로 (모음+m) 또는 (모음+n)에서 난다.

action (악씨옹)　pompe (뽕쁘)　Napoléon (나뽈레옹)

우리말과 비슷하나 우리말은 비강(鼻腔)을 닫고 발음이 되고 프랑스어는 비강이 열려 있는 상태에서 발음한다.

① [앙]　an　　santé(쌍떼, 썽떼)[7] 건강. anglais (앙글레) 영어.
　　　　　　　Panthéon(빵떼옹) Mont Blanc (몽블랑)
　　　　　am　champion(샤삐옹) champs (샹)
　　　　　en　rendez-vous(항데부) enfant(앙황) détente(데땅뜨)
　　　　　em　temps (땅) emporter (앙뽀흐떼)

② [엥]　ain　demain(드멩, 드망) 내일 copain(꼬뼁, 꼬빵) 남자친구
　　　　　aim　faim (휑)
　　　　　ein　plein (쁠렝)
　　　　　in　fin (휑) internet (엥떼흐넷)
　　　　　im　important (엥뽀흐땅)

③ [옹]　on　　non (농)[8] 아니야(No), bonbon (봉봉) 캔디
　　　　　　　Mon cher tonton (몽 쉐흐 똥똥)[9]
　　　　　om　nom (농) Mme. Pompadour (마담 뽕빠두르)

---

7) À votre santé! (아 보트르 썽떼!) / Cheers! To your Health!
   Here's to you! 위하여 !
8) non (no), nom (name) 같은 발음 [농]
9) My dear uncle.

④ [앵]   un   un (앵, 강) 하나
         um   parfum (빠흐앵, 향) 향수

⑤ [우앙] oin   point (뿌앙) (지)점. loin (루앙) 먼
               besoin (브주앙)

2. [r] 의 발음

한국어에 없는 발음이고 익숙해 있던 영어의 [r]발음과 다르기 때문에 프랑스어 자음 중에서 가장 생소한 발음이다.

이론적으로 생각하면 [ㅎ+ㄱ] 발음이다. [ㄱ]가 발음 될 때, 혀의 뒷부분이 연구개를 툭 치고 발음되고 [ㅎ]는 아무런 방해도 받음이 없이 쭉 발음이 되는 데 [r]는 이 두 경우의 중간발음으로 혀의 뒷부분이 연구개를 스치듯이 나는 발음이다.

그러나 어려운 점은 프랑스어 발음이 영어보다 가변적(可變的)이며 융통성(融通性)이 많다는 것이다. 이런 사실을 모른 채로 공부하다 보면 원칙과 다르게 발음되는 경우가 많아서 혼란감이 오고 시간이 감에 따라 그러한 상황에 어려움을 겪는다.

따라서 이러한 사실을 인지하고 프랑스어 발음에 임하는 것이 심적인 부담을 더는 방법이라고 할 수 있다.

[r] 발음도 그러한 경향을 가지게 되는 데 아래에서 보듯이

[ㅎ+ㄱ] 발음에서 [ㅎ〉ㄱ] [ㅎ〈ㄱ], 두 경향이 있다.
① [ㅎ〉ㄱ]→[ㅎ]의 발음이 [ㄱ]발음보다 더 강해서 거의 [ㅎ]처럼 들린다. 주로 [r] 발음이 단어의 앞에 올 때인 경우가 많다.
② [ㅎ〈ㄱ]→[ㄱ]의 발음이 [ㅎ]보다 더 강해서 거의 [ㄱ] 받침처럼 들린다.

Robert (호베호) 인명(人名) Versallies (벡사이으) 베르사이유

3. 복합모음

우리 말에 없는 발음으로
① [y] 우리말의 [위]와 유사하다. 그러나 단순모음이라서 입모양은 [위]를 한 상태에서 발음은 [이]로 한다. 모든 철자 u가 이에 해당한다.

union [ynjɔ̃] (위니옹)   du [dy] (뒤)

② [ø] 우리말의 [외]와 유사하나 입모양은 [오]를 한 상태에서 [에]로 발음 한다.

bleu [blø] (블뢰)   deux [dø] (되, 두)

4. 연속된 2~3의 철자의 발음

① [에]   ai, ei   la neige(라 네쥬) 눈(雪)   Marie Claire(마리 끌레르)
② [오]   au, eau   l'eau minéral (로 미네랄) 생수(生水)
          Paul (뽈)   château (샤또)

③ [우]   ou   Louis Vuitton (루이 뷔똥)   Louvre (루브르)

④ [우아] oi   espcire (에스뿌와르) 희망   oiseau (우아조) 새

5. 철자 c와 g의 발음

① c / a, o, u, 자음, 앞에서는 - (끄) [k]

   Cartier (꺄흐띠에)   copin (꼬뺑)[10]   Claude (끌로드)

   e, i, y, 앞에서는 - (쓰) [s]

   Céline (쎌린)   cité (씨떼) 도시   cycle (씨끌) 자전거

② g / a, o, u, 자음, 앞에서는 - (그) [g]

   élégance (엘레강스) 우아   légume (레귐) 채소

   grand prix (그랑프리)[11]

   e, i, y 앞에서는 - (쥬) [ʒ]

   Piaget (삐아줴)   Givenche (지방쉬)   gypse (집스)

6. 철자 s의 발음

모음사이에 올때는 [z]르 그 외는 [s]로 발음한다.

[z] maison (메종) 집   poison (뿌아종) 독 (毒)

[s] salon (쌀롱) 휴게실   poisson (뿌아쏭) 생선

---

10) copain (남자친구, boy friend), copine (꼬삔, 여자친구, girl friend)
11) grand prix 대상 (大賞)

IV Genre et Accord (장르 에 아꼬흐) 성(性)과 일치

프랑스어를 처음에 다소 어렵게 하는 두 번째가 명사, 형용사 등의 성(性)에 관한 것이다. 성과 일치 문제는 명사나 형용사 관사 등에서 남성,여성, 성(性)을 구별하고, 남성은 남성끼리 여성은 여성끼리 또 단수끼리 복수끼리 일치시켜 사용하는 것이다. 영어에는 없는 사항이므로 특히 불어학습 초기에 남녀 성 구별과 성과 수를 일치시켜 사용하는 것에 어려움을 겪는다. 여기에는 지름길이 없다.

모든 명사, 형용사, 관사 등에 남녀를 구분하는 규칙이 있지만 많이 복잡하여 오히려 필요한 단어에 관사 등을 붙여 기억하는 편이 더 능률적이다. 처음 혼동되는 상황이 익숙해지면 오히려 영어보다 표현이 명확해진다.

1. 명사의 성

(1) 자연성(自然性)
주로 생명체로 남성 여성이 자연스럽게 존재한다.
① 형태가 각기 따로 있는 것.

엄마 mère (매흐)   아빠 père (빼흐)
아들 fils (휘스)   딸 fille (휘으)
남자 homme (옴)   여자 femme (퐘)

② 남성에서 여성을 만드는 것.

 ②-1 남성형 + e

  남(여) 대학생 étudiant(e) 에뛰디앙(뜨)

  남(여) 중국인 chinois(e) 쉬누아(즈)

 ②-2 남성형 + e의 변형

  남(여) 한국인 coréen(ne) 꼬레앙(엔)

  남(여) 고등학생 lycéen(ne) 리쎄앙(엔)

 ②-3 특수형

  le professeur 남(여) 교수 (르 프로훼쉐흐)

  la femme professeur 여교수 (라 홤 프로훼쉐흐)

  le médecin 남(여) 의사 (르 메드쎙)

  la femme médecin 여의사 (라 홤 메드쎙)

(2) 비자연성(非自然性)

일반 사물이나 추상적인 개념(사랑, 미움, 마음, 전투, 국적)을 말한다.

① 남성 le portable (르 뽀흐따블) 휴대폰

   le nombre (르 농브르) 수(數)

   le combat (르 꽁바) 전투

② 여성 la maison (라 메종) 집

   l'amour (라무르) 사랑

   la nationalité (라 나씨오날리떼) 국적

2. 형용사의 성

① 남성형 + e

petit(e)(쁘띠, 쁘띠뜨) 작은 grand(e)(그랑, 그랑드) 큰

joli(e)(졸리) 예쁜

② 남성형 + e 의 변형

quel(m) (껠) quelle(f) (껠)

bon(m) (봉-) bonne(f) (본) 좋은

premier(m) première(f) (프르미에, 프르미에르) 처음의

③ 특수형

public(m) (쀠블릭) publique(f) (쀠블리끄) 공공의

frais (m) (후레) fraîche (f) (후레쉬) 신선한

heureux (m) (외뢰) heuseuse(f) (외뢰즈) 행복한

3. 관사의 성

① 정관사 (= the)

남성 여성 복수형 le la les (르 라 레)

② 부정관사(= a, an)

남성 여성 복수형 un une des (앵 윈 데)

4. 성(性)과 수(數)의 일치

남성은 남성 끼리, 여성은 여성끼리, 단수, 복수별로 맞추어 쓴다.

① (정관사 + 형용사 + 명사)

    Le Petit Prince (르 쁘띠 프랭스) = the little prince 어린왕자

    La Petite Princesse (라 쁘띠뜨 프랭세스)

     = the little princess 어린공주

② (명사 + 형용사)

    femme fatale (홤 화딸) 숙명적인 여자

    homme fatal (옴 화딸) 숙명적인 남자

③ (주어 + 속사[12])

    Il est heureux. (일테 떼뢰) (He is ahppy.)

    Elle est heureuse. (엘레 떼뢰즈) (She is happy.)

---

12) 영어의 보어에 해당한다.

V Comparaison (꽁빠헤종) 영어와의 차이점

프랑스어 학습의 초기에 겪는 어려움 중에 세 번째가, 영어와의 혼동에 대한 것이다. 프랑스어에는 영어에는 없는 기호들이 쓰이고 다른 표기법, 본질적인 발음구조의 차이 등이 있어서 구별해서 이해하는 과정이 필요하다. 사소한 사항으로 넘기기보다는 학습초기에 기본적인 차이를 숙지해서 넘어가는 것이 보다 효율적인 학습법이 될 것이다.

1. 철자 기호(é / à è ù / â ê î …)

프랑스어 에서는 알파베 자모 26자 외에, 이들과 같은 자격으로 쓰이는 철자기호가 7종류 있다.

① 악쌍떼귀(accent aigu) 는 é 의 경우에만 쓰고,
② 악쌍그라브(accent grave) 는 è à ù 3가지 경우가 있다.
　　é 와 è 가 발음상 차이가 있어서 é는 [에] è는 [애]로 발음하나,
　　현대 불어에서는 구별 없이 [에]로 발음하기도 한다.
③ 악쌍 씨흐콩플렉스(accent circonflexe)는 ê â î ô û 의 경우가 있는데 대체로, 철자가 탈락했거나, 장모음이거나, 같은 단어를 구별하기 위해서 사용된다.
　　hôpital (hospital)　　fantôme[fãtoːm]　　sûr / sur

④ 쎄디으(cédille) ç 는 [ㄲ] 발음을 [ㅆ]로 바꾸어 준다.

　　ca co cu (까 꼬 뀌)　　ça ço çu (싸 쏘 쒸)

⑤ 트레마(tréma) ï, ë… 는 연속된 두 모음을 하나의 음으로 발음하지 않고 분리해서 발음함. boeuf (뵈프)　Noël (노엘)　mais (메) maïs (마이스)

⑥ 트레 뒤니옹(trait d'union) - / 의문문[13]에서 [동사+주어]로 도치(倒置)한 다음, 연결해주는 선.[14] Comment vous appelez-vous?

⑦ 아뽀스트로프(apostrophe)　모음 생략 기호. m'appelle

2. 모음 생략 (Élision)

모음끼리 이웃하고 있을 때 앞의 모음을 생략하고
'(아뽀스트로프apostrophe)를 붙인다.
다음과 같은 단어들 다음에 모음이나 무음(無音)의 h가 올 경우이다.

　　je / ce/ me, te, se/ le, la/

　　de/ ne/ que/ si

3. 무음(無音)의 h

① 프랑스어에서는 모든 h가 발음 되지 않지만, 무음 h 와 유음(有

---

13) 의문문을 만드는 어구(語句)인 est-ce que 를 사용하면 도치하지 않는다.
14) 영어처럼 복합명사를 구성할 때도 쓰인다. vingt-cinq (숫자 25) arc-en-ciel(무지개)

音) h로 구분하여, 무음 h는 모음 취급하고 유음 h는 자음 취급한다.

유음 h는 고대 프랑스어에서는 발음되었던 흔적이 남은 것이다.

유음 h, 무음 h 여부는 사전으로 확인한다.

유음 h 사전표기 †haricot (아리꼬)   일반표기 haricot

② 유음h는 모음 생략 불가. 연음 불가.

le hall (르 올) la Hongrie (라 옹그리)   (O)

l'hall (롤) l'Hongrie (롱그리)   (×)

les héros (레 에호) (O)   les héros (레 제호) (×)

③ 무음 h

l'hôpital (로삐딸) (O)   le hôpital (르 오삐딸) (×)

les hommes (레좀) (O)   les hommes (레 옴) (×)

4. 連音 (Liaison)

단어의 마지막 자음을 다음 단어의 모음이나 무음 h에 붙여 읽는 현상.

(1) 다음과 같은 경우는 발음이 바뀐다.

① s, x는 [z]로 les amis (레 아미 → 레자미)   (the friends)

　　　　　　dix hommes (디스 옴 → 디 좀)   (ten men)

② g는 [k] long été (롱 에떼 → 롱께떼)   (long summer)

③ d는 [t] quand il… (깡 일 → 깡띨)   (when he…)

grand homme (그랑 옴 → 그랑똠)   (grate man)

④ f는 [v] neuf ans (뇌프 앙 → 뇌방)   (nine years)

(2) 연음을 반드시 해야 하는 경우

① 명사 앞에 무엇인가 올 때.[15]

les hommes (레 옴 → 레좀)   (the men)

petits enfants (쁘띠 앙팡 → 쁘띠 장팡) (little kids)

en été (앙 에떼 → 앙네떼)   (in summer)

② 대명사 주어와 동사 사이에서.

Ils aiment leurs parents. (그들은 그들의 부모를 사랑한다.)

(일 젬 뢰르 빠랑.) (○)   (일 엠 뢰르 빠랑.) (×)

Nous allons à l'école. (우리는 학교에 간다.)

(누 잘롱 알레꼴.) (○)   (누 알롱 알레꼴.) (×)

Ils(일) (They), Nous(누) (We)는 대명사 주어이므로 동사와 연음한다. (명사 주어일 경우 참조)

③ 복합단어와 관용어에서.

Etats-Unis (에따 위니 → 에따쥐니)   (United States)

arc-en-ciel (아르끄 앙 씨엘 → 아르깡씨엘)   (rainbow)

---

15) 명사 앞에 올 수 있는 것. 형용사 전치사 관사 등

(3) 연음을 해서는 안 되는 경우

① 명사 주어와 동사 사이

　　Les enfants / aiment leurs parents. (아이들은 부모를 사랑한다.)
　　(레 장팡 엠 뢰르 빠랑.) (O)　　(레 장팡 젬 뢰르 빠랑.) (×)
　　Charles / est mon prénom.　(내 이름은 샤흘르 입니다.)
　　(샤흘르 에 몽 프레농.) (O)　　(샤흘르 제 몽 프레농.) (×)
　　Les enfants, Charles 는 명사주어 이므로 동사와 연음하지 않는다.

② et 다음에.

　　un homme et / une femme　　a man and a woman
　　(앵 놈 에 윈 홤) (O) (앵 놈 에 뗜 홤) (×)
　　et (에=and)는 의미를 분류하기 위한 단어이므로 연음하지 않는다.

5. 경음(硬音) 과 격음(激音)

① 우리말 외래어 표기법에 따르면 [ㄲ] [ㄸ] [ㅃ] 같은 경음을 사용하지 않도록 되어있다. 또 영어에 익숙해 있어서 [ㅋ] [ㅌ] [ㅍ] 로 발음하는 경향이 있으나, 프랑스어에서 [k] [t] [p] 는 주로 [ㄲ] [ㄸ] [ㅃ] 로 발음한다.

　　Paris　빠리(O) 파리(×)　　Paul 뽈(O) 폴(×)

② 그러나 [k] [t] [p] 다음에 [r]가 오면 [ㅋ] [ㅌ] [ㅍ]로 발음한다.
   Pierre (삐에흐) printemps (프렝땅)
   Cognac (꼬냑) crayon (크레이용) tennis (떼니스) train (트랭)

6. 발음되지 않는 자음 철자

① 모든 h
② 단어의 끝에 오는 子音 綴字
   b d p s t x z 등은 원칙적으로 무음이고
   c f l r q 는 발음한다.

plomb (쁠롱)   grand (그랑)   quand (깡)
pays (뻬이)   plat (쁠라)   étudiant (에뛰디앙)
étudiante[16] (에뛰디앙뜨)   rendez-vous (랑데부)
La croix (라 크루아)
Lac vert (라끄 베르)   avec (아베끄)
Le coq sportif (르 꼬끄 스뽀흐띠프)
vif (비프)   Chanel (샤넬)   ciel (씨엘)   noir (느와흐)

---

16) t가 단어의 끝에 온 것이 아니므로 발음한다.

7. 단어 끝과 음절 끝의 -e는 발음하지 않으며 그 외에는 [에]로 발음 한다.

madame   femme (퐘)   homme (옴)
a-te-lier (아뜰리에)   sommet (솜메)

é 와 è 는 [에] 로 발음한다.

cafe (까프)   café (까페)   santé (쌍떼)
sante (쌍뜨)   père (뻬르)   mère (메르)

VI Verbe (베흐브) 동사

프랑스어 동사변화는 영어보다 복잡하기 때문에 초기에 다소 어려움을 겪는다. 그러나 이 사항을 효율적으로 처리하면 오히려 영어보다 더 흥미를 느껴 능동적으로 임하게 된다. 즉 처음에 영어보다 다소 난해한 사항들을 극복해서 일정단계를 지나면 훨씬 더 흥미를 느끼게 된다.

프랑스어에는 1군 동사, 2군 동사, 3군 동사 3종류의 동사가 있다. 이 중 1군, 2군 동사는 규칙동사이고 3군 동사는 불규칙 동사이다. 1군 동사의 특징은 어미가 대체로 – er로 끝나고 2군 동사는 대체로 – ir로 끝난다.

대표적으로 habiter, finir등이 있다.

여러 동사변화는 교재 뒤에 따로 정리해 두었다.

2부

내용

1. Leçon 1
2. Leçon 2
3. Leçon 3
4. Leçon 4
5. Leçon 5
6. Leçon 6
7. Leçon 7
8. Leçon 8
9. Leçon 9
10. Leçon 10

Leçon 1 (Un) (르쏭 앵) Présentation (1) (프레장따씨옹)

A. Expression (엑스프레씨옹)

1. Je suis coréen(ne). (쥬 쒸 꼬레앙(엔))

2. Oui, Je suis coréen(ne). (위, 쥬 쒸 꼬레앙(엔))

3. Non, je suis coréen(ne). (농, 쥬 쒸 꼬레앙(엔))

4. Je suis de Corée du[17] Sud. (쥬 쒸 드 꼬레 뒤 쒸드.)

5. Non, je suis de Corée du Sud. (농, 쥬 쒸 드 꼬레 뒤 쒸드.)

    1. 나는 한국사람 입니다.
    2. 네, 나는 한국사람 입니다.
    3. 아니요, 나는 한국사람 입니다.
    4. 나는 남한 사람입니다.
    5. 아니요, 나는 남한 사람입니다.

---

17) du = de + le. Leçon 4 도움말 2 참조.

Leçon 1 (Un) (크쏭 앵) Présentation (1) (프레장따씨옹)

B. Complément (꽁쁠레망)

단어

1. leçon/n.f.   과, 수업 (lesson)
2. présentation/n.f.   소개, 제시 (presentation)
3. coréen(ne)/n.   한국남자(여자) (Korean)
4. oui, non/ad.   예, 아니오 (yes, no)
5. suis, est/[18] v.   ~이다 (am, is)
6. Corée du Sud/n.f.   남한 (South Korea)
7. sud-coréen(ne)/n.   남한남자(여자) (South Korean)
8. Corée du Nord/n.f.   북한 (North Korea)
9. nord-coréen(ne)/n.   북한남자(여자) (Nouth Korean)
10. quel(le)/a.   어느, 어떤, 무슨 (what, which)
11. votre/a.poss.   너의, 당신의 (your)
12. nationalité/n.f.   국적, 민족 (nationality)

---

[18] 원형은 être(애트르)이다. 고재 뒤 동사변화표 참조.

Leçon 1 (Un) (르쏭 앵) Présentation (1) (프레장따씨옹)

> 도움말

기본 사항에 있듯이 모든 명사에는 성의 구별이 있다.

1. la Chine (라 쉰) 중국   chinois(e) (쉬누아(즈)) 중국 사람(남, 여)
   le Japon (르 쟈뽕) 일본   japonais(e) (쟈뽀네(즈)) 일본 사람(남, 여)
2. 프랑스어의 정관사는 le, la, les (르, 라, 레) 이다.
3. 프랑스어의 인칭대명사

Je (쥬)	I	Nous (누)	We
Tu (뛰)	You	Vous (부)	You
Il (일)	He	Ils (일)	They[19]
Elle (엘)	She	Elles (엘)	They

---

19) 영어와 달리 '그들'이 '그 남자들'과 '그 여자들'로 성(性)이 구별 된다.

Leçon 1 (Un) (르쏭 앵) Présentation (1) (프레장따씨옹)

C. Étude (에뛰드)

Ⓐ 다음 단어의 뜻을 쓰시오.

1. coréen(ne)/

2. oui, non/

3. suis/

4. Corée du Sud/

5. Corée du Nord/

6. quel(le)/

7. est/

8. votre/

9. nationalité/

Leçon 1 (Un) (르쏭 앵) Présentation (1) (프레장따씨옹)

D. Exercice (에그제흐씨스)

1. Quelle est votre nationalité? (껠레 보트르 나씨오날리떼?)

2. Est-ce que vous êtes coréen(ne)? (에스끄 부젯뜨 꼬레앙(엔)?)

3. Est-ce que vous êtes chinois(e)? (에스끄 부젯뜨 쉬누아(즈)?)

4. Vous êtes de quel pays? (부젯뜨 드 껠 뻬이?)
   = D'où venez-vous? (두 브네 부?)

5. Vous êtes de Corée du Nord? (부젯뜨 드 꼬레 뒤 노흐?)

베르사이유 궁전(Château de Versailles)

　루이 14세에 의해 건축된 프랑스 절대 왕정 시대의 대표적인 건축물이며, 유럽의 최고(最高)의 궁전으로 자리매김했다. 빠리 교외 남서쪽에 있으며 정원이나 호수 등 자연미보다는 조형미가 돋보이는 건축물이다. 이것은 프랑스인들의 기질과도 상통한다. 베르사이유 궁은 루이 14세의 절대왕권 강화에도 기여했다.
　왕의 권력에 도전할 수 있는 많은 귀족들을 궁전 내에 살게 해서 그들을 더 효율적으로 통제할 수 있었고 보다 강력한 지배력을 갖게 되었다. 매우 까다롭게 궁정 규율을 만들어 권력에 복종하는 효과를 얻기도 했다. 베르사이유 궁은 루이 14세 시대 유럽 최강의 절대왕권을 상징하는 건축물이라고 할 수 있다.

Leçon 2 (deux) (르쏭 두) Présentation (2) (프레장따씨옹)

A. Expression (엑스프레씨옹)

1. Je m'appelle Marie Laurant. (쥬 마뻴 마리 로항.)
2. Je suis étudiante. (쥬 쒸 에뛰디앙뜨.)
3. J'ai vingt ans. (줴 뱅 땅.)
4. J'habite rue Saint-Jacques à Paris.[20] (좌비뜨 휘 쌩-쟈끄 아 빠리.)
5. Je m'appelle Paul Louis. (쥬 마뻴 뽈 루이.)
   Je parle français un peu. (쥬 빠흘르 프랑세 앵 쁘.)
   Je ne parle pas français. (쥬 느 빠흘르 빠 프랑세.)

1. 내 이름은 마리 로항입니다.
2. 나는 대학생입니다.
3. 나는 20살입니다.
4. 나는 빠리의 쌩쟈끄가에 삽니다.
5. 내 이름은 뽈 루이입니다.
   프랑스어를 조금 해요.
   프랑스어를 못해요.

---

20) 영어 표현은 I live in Paris. 이 문장에서 in이 필수적인 요소지만, 프랑스어에서는 in에 해당하는 à가 임의적인 사항이다. J'habite (à) Paris.

2 Leçon 2 (deux) (르쏭 두) Présentation (2) (프레장따씨옹)

B. Complément (꽁쁠레망)

단어

1. étudiant(e) / n. 대학생　　　　　　　　(student)
2. lycéen(ne) / n. 고등학생　　　　　(high school student)
3. vingt / n.m. 20　　　　　　　　　　　(twenty)
4. an / n.m. 살, 년, 해　　　　　　　　　　(year)
5. rue / n.f. (도시의) 가로, 길　　　　　　(street)
6. un peu / loc.ad. 조금, 약간　　　　　　(a little)

도움말

1. m'appelle 은 me appelle의 모음 생략형이다.　(my name is)
2. J'ai 는 Je ai의 모음 생략형이다.　　　(I have)
3. J'habite는 Je habite의 모음 생략형이다.　(I live)
4. 여자이거나 남자이거나 자기의 국적을 말할 때는
   ma nationalité (my nationality)라고 한다.
   nationalité가 여성명사이므로, mon nationalité 라고 쓸 수 없다.
5. 부정관사 / un(m.)　une(f.)　des (pl.)
   영어의 a (an)에 해당하며 복수 부정관사가 있음에 주의한다.
6. 프랑스어의 숫자

Leçon 2 (deux) (르쏭 두) Présentation (2) (프레장따씨옹)

1. 고유명칭을 가진 수

   (a) 1~10   un/une (앵/윈)[21]   deux (되/두)   trois (트루아)

             quatre (꺄트르)   cinq (쌩끄)   six (씨쓰)   sept (셋뜨)

             huit (위뜨)   neuf (뇌프)   dix (디스)

   (b) 11~16   onze (옹즈)   douze (두즈)   treize (트레즈)

             quatorze (꺄또흐즈)   quinze (껭즈)   seize (쎄즈)

             Louis 14 (루이 꺄또흐즈)

             Louis 15 (루이 껭즈)   Louis 16 (루이 쎄즈)

   (c) 20 30 40 50 60

             vingt (뱅)   trente (트랑뜨)   quarante (꺄랑뜨)

             cinquante (쌩깡뜨)   soixante (스와쌍뜨)

2. 고유명칭들의 조립형

   (a) 단순조립형: 기존의 수를 조립하고 -(트레뒤니옹)으로 연결한다.

             17~79

             dix-sept (17) … soixante-dix-neuf (79)

---

21) 1(one)의 경우에만 남성, 여성의 구별이 있다.

Leçon 2 (deux) (르쏭 두) Présentation (2) (프레장따씨옹)

(b) 특수조립형: 기존의 수를 조립하고 et (=and)로 연결한다.

    21   vingt et un   (뱅 떼 앙)
    31   trente et un   (트랑떼 앙)
    41   quarante et un   (꺄랑떼 앙)
    51   cinquante et un   (쌩깡떼 앙)
    61   soixante et un   (스와쌍떼 앙)
    71   soixante et onze   (스와쌍떼 옹즈)

(C) 계산형: 특별한 방식으로 계산하고 -(trait d'union)으로 연결한다.

    81 = (4×20)+1   82 = (4×20)+2   ⋯   99 = (4×20)+19

    80   quatre-vingts   (꺄트르 뱅)
    81   quatre-vingt-un   (꺄트르 뱅 앙)
    82   quatre-vingt-deux   (꺄트르 뱅 두)
    83   quatre-vingt-trois   (꺄트르 뱅 트루아)
    84   quatre-vingt-quatre   (꺄트르 뱅 꺄트르)...
    92   quatre-vingt-douze   (꺄트르 뱅 두즈)
    99   quatre-vingt-dix-neuf   (꺄트르 뱅 디즈 뇌프)

    ⋮

    100/1000   cent(쌍) / mille(밀)

프랑스어의 숫자 체계가 복잡한 것은 옛날 20진법을 쓰던 결과가 남은 것이다.

Leçon 2 (deux) (르쏭 두) Présentation (2) (프레장따씨옹)

C. Étude

Ⓐ 아래 단어의 뜻을 쓰시오.

1. étudiant(e) /

2. lycéen(ne)/

3. an/

Ⓑ 질문에 답하시오.

1. me appelle, Je habite를 바로 표기하시오.

2. un peu 를 영어로 쓰면?

3. 다음 숫자를 아라비아 숫자로 쓰시오.
   a. cinq ( ) b. seize ( ) c. vingt ( )

2 Leçon 2 (deux) (르쏭 두) Présentation (2) (프레장따씨옹)

D. Exercice

1. Comment vous appelez-vous? (꼬망 부 자쁠레- 부?)

2. Qu'est-ce que vous faites dans la vie? (께스끄 부 펫뜨 당 라 비?)

3. Quel âge avez-vous? (껠라쥬 아베- 부?) (껠라 자베 부?)

4. Où est-ce que vous habitez? (우 에스끄 부 자비떼?)

5. Vous parlez français? (부 빠흘레 프랑세?)

에뚜왈 개선문(Arc de Triomphe de l'Étoile)

샤를 드골 광장에 있으며 나폴레옹이 오스테를리츠 전투의 승리를 기념하기 위하여 세운 개선문이다. 1806년에 시작하여 1836년에 완성하였다. 샤를 드골 광장은 12개의 도로가 방사형으로 뻗어나가 있다.

원래 에뚜왈(étoile, 별) 광장이라고 불렸기 때문에 이 개선문을 에뚜왈 개선문이라고 한다. 개선문 아래에는 '무명용사의 묘비'가 있는데 1차 세계대전에서 사망한 무명 전사자들을 추모하는 묘비이다. 에뚜왈 개선문은 '투르 드 프랑스' 자전거 대회의 종착지이며, 7월 14일 프랑스 혁명 기념일에 진행되는 군사 퍼레이드의 출발점이기도 하다.

빠리의 또 다른 개선문은 루브르박물관 입구, 카루젤 광장 중앙에 있는 카루젤 개선문(Arc de Triomphe du Carrousel)이다. 나폴레옹 1세가 거둔 많은 승전을 기념하기 위하여 1806년에 시작하여 1808년에 건립하였다. 에뚜왈 개선문보다는 작은 규모이며 문 위에는 왕정복고를 상징하는 여신상과 마차와 병사의 상이 있다.

Leçon 3 (trois) (트루아) Sa famille (1) (싸 화미으)

A. Expression (엑스프레씨옹)

Je vous présente la famille de Marie. (쥬 부 프레장뜨 라 화미으 드 마리.)

Marie est étudiante de la Sorbonne. (마리 에 뻬뒤디앙뜨 들라 소흐본느.)

Elle habite avec ses parents. (엘 라비뜨 아베끄 쎄빠항.)

Sa mère est belle. Elle est coifffeuse. (싸 메흐 에 벨. 엘 레 꾸아피즈.)

Elle aime le cinéma. (엘 렘 르 씨네마.)

Son père est gros un peu. (쏭 뻬흐 에 그로 앵 쁘.)

Il est agent de police de Paris. (일 레 따장 드 뽈리스 드 빠리.)

Il aime faire du vélo. (일 렘 훼흐 뒤 벨로.)

　　마리의 가족을 소가 합니다.
　　마리는 소르본느 대학생입니다.
　　그녀는 부모님과 삽니다.
　　엄마는 미모입니다. 미용사입니다.
　　엄마는 영화를 좋아합니다.
　　아빠는 약간 뚱뚱합니다.
　　빠리의 경찰관 입니다.
　　그는 자전거 타기를 좋아합니다.

Leçon 3 (trois) (트루아) Sa famille (1) (싸 화미으)

B. Complément

> 단어

1.	présenter/ v. 소개하다	(to introduce)
2.	famille/ n.f. 가족	(family)
3.	parents / n.pl. 부모	(parents)
4.	beau(belle)/ a. 아름다운	(beautiful)
5.	coiffeur(euse) / n. 미용사	(hairdresser)
6.	gros(se)/ a. 뚱뚱한	(fat)
7.	mince/ a. 날씬한, 얇은	(slim)
8.	agent de police/n.m. 경찰관	(police officer)
9.	agent/n.m. 경찰, 대리인	(officer, agent)
10.	faire du vélo/ v. 자전거 타다	(to ride a bike)
11.	faire/v. 하다	(to do)
12.	vélo/n.m. 자전거	(cycle, bike)
13.	de/ prép. ~의/ ~로부터	(of, from)
14.	seul(e)/ a. 혼자, 홀로	(alone)
15.	que/ pron.int. 무엇	(what)

 Leçon 3 (trois) (트루아) Sa famille (1) (싸 화미으)

도움말

1. vous는 '당신이'(you) 주어, '당신을'(you) 목적어, '당신에게'(to you) 부사구로 쓰인다.

2. 직업이나 신분을 말할 때는 관사를 붙이지 않는다.
   Elle est coiffeuse. (O)   Elle est une coiffeuse. (×)

3. 프랑스어의 소유 형용사

(m)	(f)	(pl)		(m)	(f)	(pl)
mon	ma	mes	(my)	notre	notre	nos (our)
ton	ta	tes	(your)	votre	votre	vos (your)
son	sa	ses	(his, her)	leur	leur	leurs (their)
몽	마	메		노트르	노트르	노
똥	따	떼		보트르	보트르	보
쏭	싸	쎄		뢰흐	뢰흐	뢰흐

son père (his father, her father)   sa père (×)
sa mère (his mother, her mother)   son mère (×)
ses parents (his parents, her parents)

3 Leçon 3 (trois) (트루아) Sa famille (1) (싸 화미으)

C. Étude

Ⓐ 아래 단어의 뜻을 쓰시오.

1. présenter/
2. famille/
3. parents/
4. belle/
5. gros /
6. agent de police /
7. faire du vélo/

Ⓑ 질문에 답하세요.

1. 영어의 the에 해당하는 프랑스어의 정관사 3가지는?

2. coiffeuse의 남성형은?

3. ~의, ~로부터. 영어의 of에 해당하는 단어는?

4. faire du vélo를 영어로 쓰면?

Leçon 3 (trois) (트루아) Sa famille (1) (싸 화미으)

5. to you를 프랑스어로 쓰시오.

Ⓒ 괄호에 적당한 말을 쓰시오.

mon   ma   (   )   notre   (   )   nos
ton   (   )   tes   votre   votre   (   )
(   )   sa   ses   leur   leur   (   )

Ⓓ 해당하는 프랑스어를 쓰시오.
1. 그의 엄마 (   )   2. 그녀의 아빠 (   )
3. 그녀의 엄마 (   )   4. 그의 아빠 (   )

3 Leçon 3 (trois) (트루아) Sa famille (1) (싸 화미으)

D. Exercice

1. Marie est lycéenne? (마리 에 리쎄엔느?)

2. Elle habite seule? (엘 라비뜨 쐴?)

3. (sa mère) Qu'est-ce qu'elle fait dans la vie? (께스껠 훼 당 라 비?)

4. Qu'ce-qu'elle aime? (께스껠 렘?)

5. Son papa est mince? (쏭 빠빠 에 멩스?)

6. Qu'est-ce qu'il fait dans la vie? (께스낄 훼 당 라 비?)

7. Il aime faire de la natation? (일렘 훼호 들라 나따씨옹?)

소르본대학(Université de la Sorbonne)

1243년에 세워진 프랑스 최고(最高)의 대학이며 빠리 1대학·3대학·4대학을 말한다.

- ▶ 빠리 제1대학교(팡테옹 소르본)
- ▶ 빠리 제3대학교(소르본 누벨)
- ▶ 빠리 제4대학교(빠리 소르본)

빠리와 빠리 교외에 13개의 빠리대학이 있다.

- ▶ 빠리 제5대학교 (빠리 데카르트)
- ▶ 빠리 제6대학교 (피에르 에 마리 퀴리)
- ▶ 빠리 제7대학교 (빠리 디드로)
- ▶ 빠리 제8대학교 (벵센)
- ▶ 빠리 제9대학교 (빠리-도핀)
- ▶ 빠리 제10대학교 (낭테르)
- ▶ 빠리 제11대학교 (빠리-쉬드)
- ▶ 빠리 제12대학교 (발 드 마른)
- ▶ 빠리 제13대학교

Leçon 4 (quatre) (꺄트르) Sa famille (2) (싸 파미으)

A. Expression (엑스프레씨옹)

Elle a un frère. (엘 라 앵 프레흐.)

Son frère est lycéen. (쏭 프레흐 에 리쎄앙.)

Jean est grand. (쟝 에 그랑.)

Il adore le jeu électronique. (일 라도르 르 쥬 엘렉트로니끄.)

Il veut devenir programmeur. (일 브 드브니흐 프로그라뫼흐.)

Elle a aussi une soeur. (엘 라 오씨 윈느 쐬흐.)

Sa soeur est collgiénne. (싸 쐬흐 에 꼴레지엔.)

Cécile est jolie. (쎄실 에 졸리.)

Elle aime la chanson et la danse. (엘 렘 라 샹송 엘 라 당쓰.)

Elle veut devenir chanteuse. (엘 브 드브니흐 샹뙤즈.)

La famille Laurant habite rue Saint-Jacques à Paris.
(라 파미으 로항 아비뜨 휘 쌩쟈끄 아 빠리.)

Dans cette rue, on voit la Sorbonne et le Lycée Louis le Grand.
(당 셋뜨 휘, 옹 부알 라 소르본느 엘 르 리쎄 루이 르 그랑.)

 **Leçon 4** (quatre) (꺄트르) Sa famille (2) (싸 화미으)

Il y a beaucoup d'étudiants et beaucoup d'étrangers.
(일리아 보꾸 데뛰디앙 에 보꾸 데트랑줴.)

남동생이 있습니다.
남동생은 고등학생입니다.
쟝은 키가 큽니다.
컴퓨터 게임을 많이 좋아 합니다.
프로그래머가 되고 싶어 합니다.

여동생도 있습니다.
여동생은 중학생입니다.
세실은 예쁩니다.
그녀는 노래와 영화를 좋아합니다.
그녀는 가수가 되고 싶어합니다.

로랑 가족은 빠리의 쌩자끄 가에 삽니다.
이 거리에는 소르본 대학과 루이 르 그랑 고등학교가 있습니다.
학생들이 많고 외국인도 많습니다.

Leçon 4 (quatre) (꺄트르) Sa famille (2) (싸 화미으)

B. Complément (꽁쁠레망)

단어

1. frère/ n.m.   남자형제   (brother)
2. grand(e)/ a.   키가 큰, 덩치가 큰   (tall)
3. adorer / v.   매우 좋아하다   (adore, love)
4. le jeu électronique/n.m. 컴퓨터 게임   (computer game)
5. jeu/n.m.   놀이, 유희   (game)
6. électronique/a.   전자의   (electronic)
7. veut/v. vouloir의 3인칭 단수형   (to want)
8. devenir/v.   ~이 되다   (to become)
9. programmeur(euse)/ n. 프로그래머   (programmer)
10. soeur/ n.f. 여자 자매   (sister)
11. joli(e)/ a.   예쁜, 귀여운   (pretty)
12. chanson/ n.m.   노래   (song)
13. beaucoup/ ad.   많이, 대단히   (a lot, much, very)
14. cinéma/ n.m.   영화(관)   (movie theater)
15. chanteur(se)/ n.   가수   (singer)
16. habiter/ v.   살다, 거주하다   (to live)

 Leçon 4 (quatre) (꺄트르) Sa famille (2) (싸 화미으)

17. étranger(ère)/n. 외국인   a. 외국의   (foreigner, foreign)
18. lire/ v. 읽다   (to read)

도움말

1. 프랑스어에서 인칭대명사 il(s) elle(s) 등은, 사람을 대신 하는 경우보다 사물, 개념을 대신하는 경우에 더 많이 쓰인다.
   La Tour Eiffel est à Paris? (라 뚜흐 에펠 에 따 빠히?)
   에펠탑은 빠리에 있나요?
   Oui, elle est à Paris. (위, 엘 레 따 빠히.)
   네, 그것은 빠리에 있어요. (elle = La Tour Eiffel)

2. 축약관사
   다음과 같이 전치사 à 또는 de 와 정관사가 연속해서 오면 축약해서 쓴다. 모음이 올 경우는 모음 생략이 우선한다.
   여성 정관사는 그대로 쓴다.

2-1 à + le / au   café au lait (꺄페올레)   coq au vin (꼬꼬뱅)
     à + la / 축약 없음   à la mode (알 라 모드)
     à + les / aux   aux Champs-Élysées (오 샹젤리제)

Leçon 4 (quatre) (꺄트르) Sa famille (2) (싸 화미으)

2-2 de + le / du   Coupe du Monde (꾸쁘 뒤 몽드)

  de + la / 축약 없음   de la Corée (들라 꼬레)

  de + les / des   des États-Unis (데 제따쥐니)

2-3 à le enfant /   à l'enfant (o)   au enfant (×)

  de le homme /   de l'homme (o)   du homme (×)

3. ce

3-1 지시형용사

ce cette, ces (남성, 여성 복수) 는 지시형용사로 이, 그, 저 의 뜻이다. 영어의 this, that, these, those에 해당한다.

Cette vue est magnifique. (세뜨 뷔 에 마니휘끄.)

경치가 훌륭하군요.

Tu peux prendre ces livres. (뛰 쁘 프랑드흐 쎄 리브흐.)

이 책들 가져도 됩니다.

Je n'aime pas ce film. (쥬 넴 빠 쓰 휠름.)

나는 저 영화 안좋아해요.

3-2 지시대명사

ce 는 지시대명사로 쓰이기도 한다. 영어의 he, she, they, it 등에 해당한다.

 Leçon 4 (quatre) (꺄트르) Sa famille (2) (싸 화미으)

C'est un peintre. (쎄 땅 뺑트흐.)
이 사람은 화가입니다.
C'est une actrice célèbre. (쎄 뛴 악트리스 쎌레브흐.)
이 사람은 유명한 여배우입니다.
C'est facile. (쎄 화씰.)
그거 쉬워요.
Ce sont des peintres. (쓰 쏭 데 뺑트흐.)
이 사람들은 화가들입니다.

4. 중성 대명사

4-1 y는 전치사 à sur dans 등이 붙은 명사를 대신한다.
우리말의 '거기에' '거기로' 등에 해당한다. 위치는 동사 앞이다.

Vous allez à l'école? Oui, j'y vais. (브 잘레 알 레꼴?) (위, 쥐 베.)
학교 가요? 네, 거기 가요. (거기 = y = à l'école)

La famille Claude habite à Lyon? Oui, elle y habite.
(라 파미으 끌로드 아비뜨 알 리용?) (위, 엘 리 아비뜨.)
끌로드네 가족은 리용에 사나요?
네, 그 가족(elle) 거기 (y=à Lyon) 살아요.

# Leçon 4 (quatre) (꺄트르) Sa famille (2) (싸 화미으)

4-2 중성대명사 en

de + 명사를 대신하며 이 경우 ~로부터(from), ~의(of), 등의 뜻이 된다. y처럼 위치는 동사 앞이다.

Vous êtes venu de Paris? → Oui, j'en suis venu.
(부 젯뜨 브뉘 드 빠히? → 위, 쟝 쒸 브뉘.)
(en=de Paris, from Paris)
빠리에서 왔습니까? 네, 거기서 왔어요.

De quelle couleur est son portable? (드 껠 꿀뢰흐 에 쏭 뽀흐따블?)
Le couleur en est blanc. (르 꿀뢰흐 앙 네 블랑)
 (en = de son portable)
그 사람 휴대폰이 무슨 색인가요? 흰색입니다.

 **Leçon 4** (quatre) (꺄트르) **Sa famille** (2) (싸 화미으)

C. Étude

Ⓐ 아래 단어의 뜻을 쓰시오.

1. grand/
2. beaucoup/
3. cinéma/
4. le jeu électronique/
5. joli(e)/
6. chanson/
7. habiter/
8. adorer/

Ⓑ 아래 단어들의 반대 성(性)을 쓰시오.

1. étranger/
2. chanteur/
3. cette/
4. programmeur/

Leçon 4 (quatre) (꺄트르) Sa famille (2) (싸 화미으)

ⓒ 아래 두 말을 영어로 쓰시오.
1. frère/
2. soeur/

Ⓓ 적당한 인칭대명사를 넣으시오.
La Tour Eiffel est à Paris?
Oui, (   ) est à Paris.

Ⓔ 관사를 축약하여 쓰시오.
1. café à le lait
2. à les Champs-Élysées
3. de les États-Unis
4. à le enfant

 **Leçon 4** (quatre) (꺄트르) **Sa famille** (2) (싸 화미으)

D. Exercice

1. (son frère) Qu'est-ce qu'il fait (dans la vie)? (께스낄 훼 당 라 비?)

2. Est-ce que Jean est petit? (에스끄 쟝 에 쁘띠?)

3. Qu'est-ce qu'il adore? (께스낄 라 도흐?)

4. Pourquoi il veut devenir programmeur?
   (뿌꾸아 일 브 드브니흐 프로그라뫼흐?)

5. Au matin, sa soeur va au collège? (오 마땡 싸 쐬흐 바 오 꼴레쥬?)

6. Cécile est jolie? (쎄씰 에 졸리?)

7. Elle aime lire? (엘 렘 리흐?)

8. Où est-ce que la famille Laurant habite?
   (우 에스끌 라 화미으 로항 아비뜨?)

9. Qu'est-ce qu'on voit dans cette rue? (께스꽁 부아 당 쎗뜨 휘?)

오르세 미술관(Musée d'Orsay)

원래 1900년 만국박람회 때에 세느 강변에 지어진 오르세 역(驛) 건물이었다. 근처의 지하철역과 지하로 연결되면서 철거 대상이 되었으나, 미술관으로 개축된 것이다.

인상파 회화를 비롯한 19세기 미술작품을 전시하고 있다. 인상주의 작품이 많아서 '인상주의 미술관'이라고도 한다.

근대에서 현대에 이르는 작품들이 전시되어 있는데, 1층에는 낭만주의와 사실주의 계열의 작품, 들라크루아, 밀레, 드가, 마네 등의 작품이 전시되어 있다. 1층과 연결된 3층에는 인상주의 작품들이 전시되어 있는데 빛의 움직임을 그린 작품들을 햇빛이 들어오는 유리천정 아래서 볼 수 있다. 2층에는 자연주의, 상징주의 작품들이 전시되어 있다.

전시관뿐 아니라 공연, 회의 등을 위한 다목적 문화 공간이다. 세느 강을 사이에 두고 뛰일르리 공원과 마주 대하고 있다.

까흐띠에 라땡(Catier Latain)

빠리 중심의 씨떼섬 아래쪽에 5구와 6구에 걸쳐 쌩 미셸 대로, 소르본 대학, 빠리 고등사범학교, 리쎄 루이 르 그랑 등이 있는 지역으로 대학가이자 관광지역이다. 라틴 지역이라는 명칭은 프랑스 대혁명 이전에 소르본 등의 여러 대학과 명문 고등학교 등에서 라틴어를 사용했던 것에서 유래했다고 한다. 서울의 신촌, 홍대 앞과 비교할 수 있다. 빠리의 주요 대학들이 밀집해 있어서 학생들을 위한 저렴한 서점, 영화관, 식당, 헌책방 등이 있으며 관광객들을 위한 시설들도 많다.

Leçon 5 (cinq)(쌩크) Un petit dialogue (앵 쁘띠 디알로그)

A. Expression (엑스프레씨옹)

Marie et Paul sont dans une rue de Paris.
(마리 에 뽈 쏭 당쥔느 휘 드 빠리.)

Paul va aller au Musée du Louvre.
(뽈 바 알레 오 뮈제 뒤 루브흐.)

Paul : Je veux aller au Musée du Louvre à pied.
 (쥬브 잘레 오 뮈제 뒤 루브흐 아 삐에.)
 C'est loin d'ici? (쎄 루앙 디씨?)

Marie : Non, c'est près. (농, 쎄 프레.)
 Tu va tout troit, au quai de Seine, tournez à droite.
 (뛰바 뚜드루아, 오 께 드 세느, 뚜흐네 아드루아뜨)
 Et tu va aussi tout droit. (에 뛰바 오씨 뚜드루아.)
 Au pont du Carrousel, tourne à gauche.
 (오 뽕 뒤 꺄후젤, 뚜흐느 아고쉬.)
 Passe sur le pont. Il est là. (빠쓰 쒸흘 르 뽕. 일 엘 라.)

 Leçon 5 (cinq)(쌩크) Un petit dialogue (앵 쁘띠 디알로그)

Paul : Merci, Marie. (메흐씨, 마리.)

마리와 뽈은 빠리의 거리에 있습니다.
뽈은 루브르박물관에 가려고 합니다.

뽈 : 루브르박물관어 가려고 해. 멀어?
마리 : 아니야, 가까워. 곧장 가고 세느 강에서 오른쪽으로 가.
　　　다시 곧장 가. 꺄루젤 다리에서 왼쪽으도 가.
　　　다리를 건너면 박물관은 거기에 있어.
뽈 : 고마워, 마리.

Leçon 5 (cinq)(쌩크) Un petit dialogue (앵 쁘띠 디알로그)

B. Complément

> 단어

1. petit(e)/ a. 작은, 어린 (little)
2. rue/ n.f. 길, 거리 (street)
3. près /a. 가까운 (near)   loin/a. 먼 (far)
4. tourne/v. tourner (돌다, 회전하다)의 명령형, 1군동사 참조 (to turn)
5. gauche/ n.f. 왼쪽   a. 왼쪽의 (left)
6. droite/ n.f. 오른쪽   a. 오른쪽의 (right)
7. pont/ n.m. 다리 (bridge)
8. passer/ v. 통과하다, 지나가다 (to pass)
9. là/ ad. 저기, 거기 (there)
10. à pied/ loc.ad. 걸어서, 도보로 (on foot)
11. tout droit/ loc.ad. 곧장, 직진하여 (straigt on)
12. tout/ ad. 아주, 매우 (very)
13. droit/ ad. 똑바로, 일직선으로 (straight)
14. quai de Seine/ n.m. 세느 강의 강변 도로 (bank of the Seine)
15. à la fin/ loc.ad. 끝으로, 마지막으로 (in the end)
16. danser/ v. 춤추다 (to dance)

Leçon 5 (cinq)(쌩크) Un petit dialogue (앵 쁘띠 디알로그)

17. parler/ v.   말하다 (to talk)
18. on/pron.ind.   (세상의) 일반 사람들 (one, we)

도움말

1. 근접 미래/프랑스어에서 aller + inf(동사원형)은 영어의 be going to와 유사하여 '가까운 미래', 또는 '권유'를 의미한다.
   Je vais partir. (곧 떠날꺼야.) (쥬 베 빠흐띠흐.)
   On va répéter. (반복합시다.) (옹 바 헤뻬떼.)

2. 명령법/ 주어를 생략하고 동사만 쓰며 tu의 경우에는 – es – as 등에서 s를 생략한다.
   Tu danse. → Danse.   Vous dansez. → Dansez .
   Tu parles. → Parle.   Vous parlez. → Parlez .

   Tu vas à la rue Cambon. → Va à la rue Cambon.
   　　　　　　　　　　　　　깡봉가로 가.
   Vous allez à la rue Cambon. → Allez à la rue Cambon.
   　　　　　　　　　　　　　　　깡봉가로 가세요.

Leçon 5 (cinq) (쌩크) Un petit dialogue (앵 쁘띠 디알로그)

3. tutoiement (뛰뚜아망)   vouvoiement (부부아망)

상대방을 tu로 부르기. 상대방을 vous로 부르기. 영어의 2인칭 단수는 you 하나지만 프랑스어에서는 tu와 vous 둘이다. tu는 단수로만 사용되지만 vous는 단수 복수 두 경우에 사용된다. 한국어의 존대어법과 유사하지만 반드시 그런 것은 아니다. 우리말 존대어법의 일부가 해당된다고 볼 수 있다. tu를 사용하는 경우는 vous를 사용하는 경우보다 상대적으로 한정되어 있다.

(a) 가족 간에는 누구든 서로 tu로 부른다.

(b) 아이들에게 사용한다.

(c) 개인적으로 친밀한 사이에 사용하는데 주관적이므로 상황마다 다르다고 하겠다. 한국 사람이 이들과 대할 때는 친분관계가 없다면 vous를 사용해야 할 경우가 많을 것이다. 서로 친하게 되어 우리말 식으로 "우리 서로 말 놓을까?" 할 경우에는 On se tutoie?" (옹 쓰 뛰뚜아?) 하게 된다.

Leçon 5 (cinq) 〔쌩크〕 Un petit dialogue (앵 쁘띠 디알로그)

C. Étude

Ⓐ 다음 단어의 뜻을 쓰시오.

1. rue/

2. pont/

3. quai de Seine/

4. passer/

5. à pied/

6. tout droit/

Ⓑ 적당한 답을 쓰시오.

1. près 의 반의어/

2. gauche의 반의어/

Leçon 5 (cinq)(쌩크) Un petit dialogue (앵 쁘띠 디알로그)

D. Exercice

1. Marie et Paul, où est-ce qu'ils sont? (마리 에 뽈, 우 에스낄 쏭?)

2. Il veut aller aux Champs-Elysées? (일 브 딸레 오 샹젤리제?)

3. Il va au Musée du Louvre en vélo?
   (일 바 오 뮈제 뒤 루브르 앙 벨로?)

4. C'est lion? (쎄 루앙?)

5. D'abord, il tourne à gauche? (다보흐, 일 뚜흐느 아 고쉬?)

6. Où est-ce qu'il tourne à droite?
   (께스낄 뚜흐느 아 드후아뜨?)

7. Il tourne à droite au pont du Carrousel?
   (일 뚜흐느 아 드후아뜨 오 뽕 뒤 꺄후젤?)

8. Qu'est-ce qu'il fait à la fin? (께스낄 훼 알 라 횡?)

루브르박물관(Musée du Louvre)

　대영박물관, 바티칸 박물관과 함께 세계 3대 박물관 중의 하나로 원래는 프랑스 왕실의 궁전이었다. 런던의 대영 박물관처럼 무료 입장은 아니지만 언제나 관람객들이 넘쳐 줄을 서야 입장한다. 가장 많은 관람객이 모이는 곳은 레오나르도 다빈치의 모나리자인데 관람객이 너무 많아 접근하기가 쉽지 않다.

　빠리에 가면 거의 모든 사람이 가는 박물관으로 프랑스 역사와 문화의 진수를 소장하고 있으며 역사와 문화의 상징적인 건물이라 할 수 있다.

　전시물에 대한 PDA 서비스가 프랑스어, 영어, 독일어, 이탈리아어, 스페인어, 일본어 외에 한국어로도 제공된다. 한국어 서비스에는 한국기업 대한항공이 결정적인 기여를 했다.

　중앙의 유리로 된 피라미드를 통해 지하로 내려갈 수 있다. 루브르의 정문인 뛰일르리 공원 쪽에는 꺄루젤 개선문이 있다. 빠리 1구에 있으며 유네스코에 등재된 세계문화 유산이다.

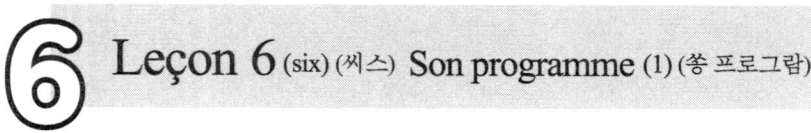

Leçon 6 (six) (씨스) Son programme (1) (쏭 프로그람)

A. Expression (엑스프레씨용)

Marie se reveille de bonne heure. (마리 쓰 헤베이으 드 본 뇌흐.)

Elle se réveille à six heures. (엘스 헤베이으 아 씨죄흐.)

Elle va au parc à côté de son immeuble. (엘바 오 빠흐끄 아 꼬떼 드 쏘니뫼블.)

Marie marche avec son chien. (마리 마흐슈 아베끄 쏭 쉬앵.)

Elle prend petit déjeuner chez elle. (엘 프랑 쁘띠 데줴네 쉐 젤.)

Elle mange du pain au chocolat. (엘 망쥐 뒤 뺑오쇼꼴라.)

Marie bois du café au lait. (마리 브와 뒤 꺄페 올레.)

Après ça, elle sort de son appart, (아프레 싸, 엘 쏘흐 드 쏘나빠흐,)

et elle prend le métro. (에 엘 프랑 르 메트로)

마리는 일찍 일어납니다.
그녀는 여섯시에 일어납니다.
집 옆에 있는 공원에 갑니다. 그녀의 개와 함께 걷습니다.
아침식사는 집에서 합니다.
뺑오쇼꼴라를 먹고 카페라떼를 마십니다.
그리고는 집을 나섭니다.
지하철을 탑니다.

Leçon 6 (six) (씨스) Son programme (1) (쏭 프로그람)

B. Complement

> 단어

1. programme/n.m.　일정, 프로그램　　　　　　　(program)
2. se réveiller/v.pr.　잠에서 깨다　　　　　　(to wake up)
3. de bonne heure/loc.ad.　(아침) 일찍　　　　(early)
4. en retard/loc.ad.　늦게　　　　　　　　　　(late)
5. parc/n.m.　공원　　　　　　　　　　　　　(park)
6. à côté de/loc.prép.　(의) 옆에　　　　　　(next to)
7. immeuble/n.m.　건물　　　　　　　　　　　(building)
8. marcher/v.　걷다　　　　　　　　　　　　(to walk)
9. petit déjeuner/n.m.　아침식사　　　　　　(breakfast)
10. déjeuner/n.m.　점심식사　　　　　　　　(lunch)
11. dîner/n.m.　저녁식사　　　　　　　　　　(diner)
12. chez/prép.　집에서, 집으로　　il est chez lui (he's at home)
13. pain au chocolat/n.m.　초콜릿 빵과자　(chocolate croissant)
14. bois/v.　마시다(boire의 3인칭 단수형)　　(to drink)
15. café au lait/n.m.　꺄페 올레　(milk coffee, caffellatte)
16. sort/sortir 의 3인칭 단수　　　　　　　(to go out)
17. besoin/n.m.　필요　　　　　　　　　　　(need)

 **Leçon 6** (six) (씨스) **Son programme** (1) (쏭 프로그람)

18. chance/n.f. 운   (luck)
19. légume/n.m.   채소, 야채.   (vegetable)
20. argent/n.m.   돈, 은(銀).   (money, silver)
21. café allongé/n.m. 아메리카노처럼 묽은 커피 (American coffffee)

도움말

1. 부분관사

   셀 수 없는 명사의 '상식적인, 일반적인 정도의 양'을 나타내는 관사이다.

   남성의 경우 축약관사 du (de + le)와 혼동하지 않도록 한다.

   뒤에 모음이 오면 모음을 생략한다.

   du (de l') (m)   de la (de l') (f)   des (pl)

   Je bois du champagne. (쥬 부아 뒤 샹빠뉴.) (샹빠뉴를 마신다.)

   Vous avez de la chance. (부 자베 들라 샹스.) (운이 좋으시군요.)

   Elle achète des légumes. (엘 라쉐뜨 델 레귐므.) (그녀는 채소를 산다.)

   Il a besoin de l'argent. (일 라 브즈웽 들 라흐쟝.) (그는 돈이 좀 필요하다.)

 Leçon 6 (six) (씨스) Son programme (1) (쏭 프로그람)

2. 대명동사

재귀대명사를 취하는 동사를 말하고 재귀대명사의 형태는 아래와 같다.

Je me (쥬 므)   Nous nous (누 누)
Tu te (뛰 뜨)   Vous vous (부 부)
Il(Elle) se (일 스)   Ils(elles) (일 스)

(a) appeler의 경우 me appeler (m'appeler) 가 되면
    나를~라고 부른다, ~라고 불린다의 의미가 된다

Je m'applle (쥬 마뻴)   Nous nous appelons (누 누 자뻴롱)
Tu t'appelles (뛰 따뻴)   Vous vous appelez (부 부 자뻴레)
Il(Elle) s'appelle (일 싸뻴)   Ils(Elles) s'appellent (일 싸뻴)

(b) laver 씻다, me laver 자기 자신을 씻다, 세수하다

Je me lave (쥬 므 라브)   Nous nous lavons (누 눌 라봉)
Te te laves (뛰 뜰 라브)   Vous vous lavez (부 불 라베)
Il(Elle) se lave (일 쓸 라브)   Ils(Elles) se lavent (일 쓸 라브)

Leçon 6 (six) (씨스) Son programme (1) (쏭 프로그람)

C. Étude

Ⓐ 다음 단어의 뜻을 쓰시오.

1. se réveille /
2. de bonne heure/
3. en retard/
4. à côté de/
5. parc/
6. immeuble/
7. marcher/
8. petit déjeuner/
9. chez/
10. besoin/
11. chance/
12. légume/
13. argent/

Ⓑ 아래 두 단어의 발음을 한국어로 쓰시오.

1. pain au chocolat/
2. café au lait./

Leçon 6 (six) (씨스) Son programme (1) (쏭 프로그람)

D. Exercise

1. Marie se réveille en retard? (마리 쓰 헤베이으 앙 흐따흐?)

2. Elle se réveille à quelle heure? (엘 쓰 헤베이으 아 껠 뢰흐?)

3. Elle prend petit déjeuner au café? (엘 프랑 쁘띠 데쥬네 오 꺄페?)

4. Où est-ce qu'elle va à six heures? (우 에스껠 바 아 씨 쥬흐?)

5. Qu'est-ce qu'elle mange au petit déjeuner?
   (께스껠 망쥬 오 쁘띠 데쥬네?)

6. Elle boit du café allongé? (엘 브와 뒤 꺄페 알롱줴?)

7. Après ça, qu'est-ce qu'elle fait? (아프레 싸, 께스껠 풰?)

8. Elle prend le bus? (엘 프랑 르 뷔스?)

그랑제꼴(Grands Écoles)과
빠리고등사범학교(ENS/Ecole Normale Supérieure)

프랑스 교육의 원칙은 무상교육(無償 敎育), 평등교육, 능력위주 교육이다. 탁아소에서 대학까지 원칙적으로 무상교육이다. 누구에게든지 사회적 신분, 종교, 국적에 관계없이 교육의 기회가 주어진다. 한편으로는 능력주의 교육을 시행해서 국가를 이끌어갈 인재를 양성하기 위해 철저한 엘리트 교육시스템을 운영한다. 이를 위한 교육기관이 그랑제꼴이다.

대학이 건전한 사회인을 육성하는 기능을 한다면, 프랑스에만 있는 오래된 교육 시스템인 그랑제꼴은, 국가 제반 분야의 리더를 양성하는 큰 학교, 이른바 대학 위의 대학이라고 불리는 기관이다.

고등학교 재학생의 상위 5% 정도가 그랑제꼴에 입학하기 위한 예비학교인 프레빠(Prépa)에 진학한다. 2년간의 이 과정에서도 탈락자를 선별해 내고 다시 그랑제꼴에 진학하기 위한 본고사를 치른다. 극히 우수한 학생들만 진학시키는 대신 수업과정과 졸업 후에 특별대우가 보장된다. 수업연한은 보통 3~4년이다.

빠리고등사범학교

이 중 인문 계열의 명문인 빠리 고등사범학교의 경우를 예로 들면, 프랑스 대학이 무상 교육이기는 하지만 ENS 학생들은 숙식이 제공되며 소정의 월급을 받는다. 환율에 따라 차이가 있겠지만 대략 150~200만원 가량 된다. 학생 신분으로 급료를 받아가며 학업을 이수하게 된다.

세부적인 학교 생활을 보면, 대부분의 대학식당들은 셀프 서비스 시스템인데 여기에는 종업원의 정중한 서빙을 받고, 남녀 혼성 기숙사, 콘돔 자판기가 설치된 남녀 공동화장실, 교내에서 와인을 무료로 마실 수 있는 등 일반 대학과는 달리 파격적인 대우를 받는다.

정·재계 등에서 최고위직에는 대부분 그랑제꼴 출신들이 자리하고 있다.

진정한 행복의 의미가 다양할 수 있겠으나 영화제목이기도 했던 「행복은 성적순이 아니야」라는 말이 한국과는 다른 의미를 가질 수도 있다고 하겠다.

# Leçon 7 (sept) (쎄뜨) Son programme (2) (쏭 프로그람)

A. Expression (엑스프레씨옹)

L'après-midi, elle va au café avec son copain parfois.
(라프레미디, 엘 바 오 까페 아베끄 쏭 꼬뺑 빠흐후아.)

Vers 8 heures, elle rentre chez elle. (베흐 위뙤흐 엘 항트르 쉐젤.)

Elle étudie l'anglais. (엘 에뛰디 랑글레.)

Elle a tout intétêt pour le guide touristique.
(엘라 뚜땡떼레 뿌홀르 기드 뚜리스띠끄.)

Elle regarde les pièces d'anglais tous les jours.
(엘 흐갸흐들 레 삐에스 당글레 뚤레쥬흐.)

Parce que c'est bon pour apprendre l'anglais.
(빠스끄 쎄봉 뿌흐 아프랑드흐 랑글레.)

Leçon 7 (sept) (쎄뜨) Son programme (2) (쏭 프로그람)

Le français et l'anglais sont beaux et utiles.
(르 프랑세 에 랑글레 쏭 보 에 위띨.)

Elle se couche tôt. (엘 스 꾸쉬 또.)

수업 후에 그녀는 가끔 남자 친구와 까페에 갑니다.
8시경에 집에 돌아옵니다.
그녀는 영어공부를 합니다.
그녀는 관광가이드에 관심이 많습니다.
그녀는 매일 영어 드라마를 봅니다.
왜냐하면 그것이 영어공부에 좋기 때문입니다.
프랑스어와 영어는 아름답고 유익합니다.
그녀는 일찍 잠자리에 듭니다.

Leçon 7 (sept) (쎄뜨) Son programme (2) (쏭 프로그람)

B. Complément

단어

1. après-midi/ n.m.   오후   (afternoon)
2. avant-midi / n.m.   오전   (morning)
3. parfois/ ad.   가끔, 때때로   (sometimes)
4. étudier / v.   공부하다   (to study)
5. tout(e)/ a.   전부, 전체, 모든   (all)
6. intétêt/ n.m.   관심, 이자   (interest)
7. regarder / v.   보다   (look)
8. apprendre / n.   배우다   (to learn)
9. beau(belle)/ a.   아름다운   (beautiful)
10. utile / a.   유용한   (useful)
11. tôt/ ad.   일찍 ↔ tard 늦게   (early) (late)
12. guide touristique /n.m.   관광가이드, 가이드북   (tourist guide)
13. se cucher/v.pr.   잠자리에 들다   (to go to bed)
14. pourquoi/ ad.inter.   왜   (why)
15. parce que/ conj.   왜냐하면   (because)
16. C'est bon.   좋아.   (It's good.)

Leçon 7 (sept) (쎄뜨) Son programme (2) (쏭 프르그람)

> 도움말

1. 강세형 인칭대명사

　　형태　　moi (무아)　　　nous (누)
　　　　　　toi (뚜아)　　　　vous (부)
　　　　　　lui (elle) (뤼(엘))　eux(elles) (외(엘))

　영어에는 없는 인칭대명사로 아래의 경우에 쓰인다.

(a) 주어나 목적어 강조

　Toi, tu aime ton portable. (뚜아, 뛰 엠 똥 뽀흐따블.)
　너는 네 휴대폰을 너무 좋아해.

(b) 독립적으로 쓰일 때

　Elle va voir le film. Moi aussi. (엘 바 브와흐 르 필름. 무아 오씨.)
　그녀는 그 영화를 볼 거야. 나도.

(c) 전치사와 함께

　Paul est devant eux. (뽈 에 드방 되.) 뽈은 그들 앞에 있다.

Leçon 7 (sept)(쎄뜨) Son programme (2) (쏭 프로그람)

C. Étude

Ⓐ 단어의 뜻을 쓰시오.

1. avant-midi /
2. cours/
3. parfois/
4. étudier /
5. tout/
6. intétêt/
7. guide touristique/
8. regarder /
9. apprendre /
10. beau/
11. utile /
12. se coucher/

Ⓑ 서로 대응 되는 단어를 쓰시오.

1. tôt ↔ (   )
2. pourquoi ↔ (   )
3. parce que ↔ (   )

Ⓒ C'est bon.을 영어로 쓰시오.

Leçon 7 (sept) (쎄뜨) Son programme (2) (쏭 프로그람)

D. Exercise

1. Après le cours, elle va au cinéma?
   (아프렐 르 꾸흐, 엘 바 오 씨네마?)

2. Avec qui elle va au café parfois?
   (아벡끼 엘 바 오 꺄훼 빠흐후아?)

3. Pourquoi elle étudie l'anglais?
   (뿌꾸아 엘 레뛰디 당글레?)

4. Pourquoi elle regarde les pièces d'anglais?
   (뿌꾸아 엘 흐갸흐들레 삐에스 당글레?)

5. Elle regarde les pièces d'anglais tous les jours.?
   (엘 흐갸흐들 레 삐어스 당글레 뚤레 쥬흐?)

6. Elle se couche tard? (엘 스 꾸쉬 따흐?)

에펠탑(Tour Eiffel)

　1889년 프랑스 혁명(1789) 100주년을 기념하는 빠리 만국박람회 때에 건축되었다. 설계자인 귀스타브 에펠(Gustave Eiffel)의 이름을 따서 에펠탑이 되었다. 건축 초기에는 여러 비난 여론이 많았으나 오늘날에는 빠리의 상징적인 건축물이 되었다.
　2층까지의 높이가 57m, 3층까지가 115m, 정상이 274m이다. 3층까지는 에펠탑 기둥의 사면으로 엘리베이터가 올라가고 3층부터는 환승하여 수직 엘리베이터로 올라간다. 육안으로 빠리시내를 자세히 감상하기 위하여 또는 엘리베이터 요금을 내지 않기 위해 3층까지는 걸어서 갈 수도 있다. 하지만 체력보다도 고층 건물 공사장을 연상케하는 개방된 계단이어서 고공 공포심 때문에 어려워 하는 사람들이 많다.
　빠리는 도시 전체가 거의 평지이기 때문에 날씨가 좋은 날은 탑 꼭대기에서 벨기에까지 보인다고 한다.
　7월 14일 혁명 기념일 밤에는 불꽃놀이 행사가 있는데 에펠탑 앞의 샹 드 마르스(Champ-de-Mars) 광장이 전 세계에서 온 관광객들로 가득 찬다.

 Leçon 8 (huit) (위뜨) Anniversaire (아니베흐쎄흐)

A. Expression (엑스프레씨옹)

La semaine dernière, Paul a vu sa copine Marie.
(라 스멘 데흐니에흐, 뽈 아 뷔 싸 꼬삔 마리.)

Aujourd'hui, c'est l'anniversaire de Paul.
(오쥬흐뒤, 쎄 라니베흐쎄흐 드 뽈.)

Elle a fait petit cadeau à Paul. (엘 라 훼 쁘띠 꺄도 아 뽈.)

Paul est ravi. (뽈 에 하비.)

Il est très content de son cadeau.
(일 레 트레 꽁땅 드 쏭 꺄도.)

Marie : Bon anniversaire, Paul. Voilà mon petit cadeau.
        (보나니베흐쎄흐 뽈.)   (브알라 몽 쁘띠 꺄도.)

Paul : Tu es très gentille. Merci, Marie
       (뛰에 트레 쟝띠.)   (메흐씨, 마리.)

Leçon 8 (huit) (위뜨) Anniversaire (아니베흐쎄흐)

Marie : Pas de quoi, Paul. Je veux voir un film ce soir.
(빠드꾸아, 뽈.) (쥬 브 브와흐 앵필름 쓰 스와흐.)

Paul : D'accord, ce soir.
(다꼬흐, 쓰 스와흐.)

지난 주에 뽈은 마리를 만났다. 오늘은 뽈의 생일이다. 마리는 작은 선물을 준비했다. 뽈는 매우 기뻐한다. 뽈은 그녀의 선물을 매우 좋아한다.

마리 : 생일 축하해, 뽈. 작은 선물이야.
뽈 : 넌 너무 좋아. 고마워, 마리.
마리 : 뭘, 별 것 아닌데. 오늘 저녁에 영화 보고 싶은데.
뽈 : OK. 오늘 저녁에.

Leçon 8 (huit) (위뜨) Anniversaire (아니베흐쎄흐)

B. Complément

단어

1. semaine/ n.f. 주 (week)
2. dernier(ère)/ a. 지난 (last), 마지막의 (final)
3. vu(e)/ v. voir의 과거분사 (seen)
4. vois/ v. voir의 3인칭 단수형 (see)
5. copine(copain)/ n. 여자친구 (남자친구)(girlfriend, boyfriend)
6. aujourd'hui/ n.m. 오늘 (today)
7. anniversaire/ n.m. 생일 (birthday)
8. Bon anniversaire. 생일 축하해. (Happy birthday.)
   Joyeux anniversaire. (쥬아이으 자니베흐쎄흐)
9. acheter/ v. 사다 (buy)
10. cadeau/ n.m. 선물 (present)
11. ravi(e)/ a. 매우 좋아하는 (delightful)
12. gentil(le)/ a. 친절한, 매력적인 (kind, good)
13. Pas de quoi. 뭘 그런걸 가지구. (Don't mention it.)
14. film/ n.m. 영화 (movie)
15. D'accord. /ad. 좋아, 그래. (OK, good)
16. là-bas/ ad. 저기에 (over there)

Leçon 8 (huit) (위뜨) Anniversaire (아니베흐쎄흐)

> 도움말

| 목적어대명사 | le | la | les |
| 정관사 | le | la | les |

Marie : Tu vois la Tour Eiffel là-bas? (뛰 부알 라 뚜흐 에펠 라-바?)
저기 에펠탑 보여?

Paul : Oui, je la vois. (위, 쥴 라 부아.)
응, 보여.

위 Marie의 말에서 la는 정관사가 아니고
la Tour Eiffel을 가리키는 대명사이다.

형태는 정관사와 동일하지만, 목적어대명사로 쓰이면
사람일 경우는 그, 그녀, 그들 (him, her, them)을 말하고
사물일 경우에는 그것, 그것들 (it, them)을 말한다.
정관사로 쓰이면 명사 앞에 오지만 대명사로 쓰이면
동사 앞에 온다.

# Leçon 8 (huit) (위뜨) Anniversaire (아니베흐쎄흐)

C. Étude

Ⓐ 다음 단어의 뜻을 쓰시오

1. semaine/
2. dernier(ère)/
3. vu(e)/
4. aujourd'hui/
5. anniversaire/
6. cadeau/
7. ravi(e)/

Ⓑ 괄호를 채우시오.

1. copine ↔ (   )
2. Bon anniversaire. = (   ) birthday.
3. Joyeux anniversaire. = (   ) anniversaire.
4. Pas de quoi = (   ) mention it.

 Leçon 8 (huit) (위뜨) Anniversaire (아니베흐쎄흐)

D. Exercise

1. Paul a vu Marie?
   (뽈 아 뷔 마리?)

2. Marie a vu Paul?
   (마리 아 뷔 뽈?)

3. Qui a fait petit cadeau à Paul?
   (끼 아 풰 쁘띠 꺄도 아 뽈?)

4. Paul est content? (뽈 에 꽁땅?)

5. Est-ce que Marie n'est pas gentille?
   (에스끄 마리 네 빠 쟝띠으?)

6. Ce soir, qu'est-ce qu'ils vont faire?
   (쓰 스와흐, 께스낄 봉 풰흐?)

뽕삐피두센터(Centre Pompidou)

샤를 드골 대통령의 후임 죠르쥬 뽕삐두 대통령은 빠리 중심부에 현대미술 전시관, 도서관, 디자인, 음악 등 여러 분야의 예술을 위한 복합문화 공간을 만들고자 했다. 그 결과 그의 사후 1977년에 뽕삐두센터가 개관하게 되었다. 원래의 명칭은
국립 조르쥬 뽕삐두 예술 문화센터(Centre national d'art et de culture Georges-Pompidou)이다.
계단, 배관 등의 건축물 내부를 외부로 내놓는 특이한 공법을 써서 건물 자체가 현대적 예술 작품으로 평가된다. 내부의 여러 시설을 방문하는 사람들도 많지만 건물 자체를 관광하려는 사람들도 많다 한다.
지상 6층 지하 2층 건물로 2~3층에는 도서관(BPI)이 있는데 프랑스인, 외국인, 관광객 등 누구에게나 개방되어 있다. 참고로 도서관의 열람자용 컴퓨터 수십 대는 삼성컴퓨터이다.
4~6층에는 빠리국립근대미술관(MNAM)이 있다. 4층에는 1960년 이후의 작품들이 전시되어 있으며 5층에는 1905년에서 1960년까지의 야수파, 입체파, 초현실주의 계열 등의 현대미술작품들이 전시되어 있다. 6층에는 디자인, 사진 등을 위한 공간이 마련되어 있다.
2010년에 제2 뽕삐두센터가 메츠에서 개관하였고 빠리에서 루브르박물관, 에펠탑 다음으로 방문객이 많다고 한다.

 Leçon 9 (neuf) (뇌프) Invitation (1) (앵비따씨옹)

A. Expression (엑스프레씨옹)

Hier soir, Marie a invité Paul dans son appartement.
(이에흐 스와흐, 마리 아 앵비떼 뽈 당 쏘나빠흐뜨망.)
Alors, Paul sonne. (알로흐, 뽈 손느.)
Marie vient à la porte d'entrée. (마히 비앙 딸 라 뽀흐뜨 당트레.)

지난 일요일 마리는 뽈을 그녀의 아파트로 초대했다.
이제 뽈이 마리네 집 벨을 울린다.
마리는 현관으로 온다.

Marie : Ça va? (싸바)

Paul : Ça va bien et toi? (싸바 비앙 에 뚜아?)

Marie : Très bien. Pas difficile de venir ici?
(트레 비앙) (빠 디피씰 드 브니흐 이씨?)
Tu as trouvé facilement? (뛰 아 트루베 화씰르망?)

 Leçon 9 (neuf) (뇌프) Invitation (1) (앵비따씨옹)

Paul : Bien sûr que non. (비앵 쒸흐 끄 농.)
　　　J'ai acheté un gâteau pour toi. (줴 아쉬떼 앵 갸또 뿌흐 뚜아.)

Marie : Merci bien. Assied-toi. (메흐씨 비앙. 아씨에 뚜아.)
　　　Nous allons boire quelque chose. (누잘롱 브와흐 껠끄 쇼즈.)

Paul : J'aime boire un thé au lait. (쥌 브와흐 앵 떼올레.)

마리: 안녕.
뽈: 안녕 너도?
마리: 좋아. 오는데 어렵지 않았어? 쉽게 찾았어?
뽈: 어렵지 않았어. 케이크 하나 샀어.
마리: 고마워. 앉아. 뭣 좀 마시자.
뽈: 밀크티 마실게.

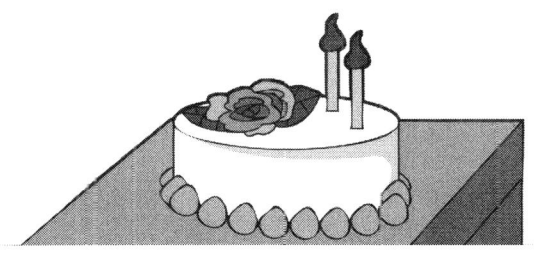

Leçon 9 (neuf)(뇌프) Invitation (1)(앵비따씨옹)

B. Complément

> 단어

1. invitation/ n.m.   초대   (invitation)
2. hier/ ad.   어제   (yesterday)
3. soir/n.m.   저녁   (evening)
4. a invité/ v. inviter (초대하다)의 복합과거형   (invited)
5. appartement/ n.m.   아파트   appart (구어체) (appartement)
6. alors/ ad.   그러면, 그래서   (then)
7. sonner/ v.   벨을 울리다, 종치다   (to ring)
8. porte d'entrée. / n.f.   현관   (front door)
9. porte/ n.f.   문, 출입구   (door)
10. entrée/n.f.   (안으로) 들어가기   (entrance)
11. difficile/ a.   어려운   (difficult)
12. ici/ ad.   여기   (here)
13. acheter/ v.   사다   (to buy)
14. gateau/ n.m.   케이크   (cake)
15. pour toi/   네게, 너를 위해   (for you)
16. assieds/ v.   앉히다, 앉다 (asseoir의 2인칭 단수형)   (sit down)
17. boire/ v.   마시다   (to drink)

# Leçon 9 (neuf) (뇌프) Invitation (1) (앵비따씨옹)

18. quelque chose/ pro.ind.m. 어떤 것, 무엇인가 (something)
19. quelque chose de spécial/ 특별한 어떤 것 (something special)
20. ça/ pn.dém. 이것, 그것, 저것 (this, that)

    Ça va? 어때? (Are you all right?)

    Ça va bien, et toi? 좋아, 너는? (All right and you?)
21. Très bien./ad. 아주 좋아. (Very well.)
22. sûr(e)/ a. 확실한, 자신 있는 (sure)

    Bien sûr que non. 물론 아니지. (Of course not.)
23. maison/ n.f. 집, 주택 (house)
24. goût/ n.m. 맛, 식욕 (taste)

도움말

1. Passé Composé (복합과거) (빠쎄 꽁뽀제)

(a) 의미/ 프랑스어의 대표적인 과거시제로 복합과거와 단순과거가 있는데 단순과거는 문어체 과거시제로 여기서는 먼저 복합과거를 다룬다.

Marie a invité Paul. Marie has invited Paul.

프랑스어의 복합과거 시제는 일반 과거시제와 영어의 현재완

Leçon 9 (neuf) (뇌프) Invitation (1) (앵비따씨옹)

료 시제를 의미한다.

(a) 형식/ 조동사(avoir 또는 être) + 과거분사.

대부분의 경우에 조동사로 avoir를 사용하나 장소의 이동을 뜻하는 몇몇 동사는 조동사로 être를 사용한다. 프랑스어에서 조동사는 형식상의 요소로만 쓰이고 의미는 없다. 영어의 can, may, should 등과는 다르다.

조동사로 être를 사용하는 경우는 아래와 같다.

aller (가다)	partir	(출발하다)
venir (오다)	arriver	(도착하다)
entrer (들어오다)	mourir	(죽다)
sortir (나가다)	naître	(태어나다)
rester (남아있다)	monter	(올라가다)
tomber (떨어지다)	descendre	(내려가다)

(c) 과거분사/ 1군동사는 -er에서 r를 분리하고 e를 é로 한다.

habiter → habité   aimer → aimé
Elle habite à Paris.   그녀는 빠리에 산다.
Elle a habité à Paris.   그녀는 빠리에 살았다.

Leçon 9 (neuf) (뇌프) Invitation (1) (앵비따씨옹)

2군 동사는 -ir에서 r을 분리한다.

finir (끝내다. fini)　　choisir(선택하다. choisi)

Je finis ce travail.　　나는 이 일을 끝낸다.(쥬 휘니 쓰 트라바이으)

J'ai fini ce travail　　나는 이 일을 끝냈다.(쉐 휘니 쓰 트라바이으)

3군 불규칙 동사는 별로로 기억한다.

avoir → eu　　être → été　　faire → fait

(d) 주의사항

조동사로 être를 사용하는 경우에는 과거분사를 주어의 성(性)과 수(數)에 일치시켜 여성이면 e를 복수면 s를 붙인다.

Il est allé. (일 레 딸레.)　　Elle est allée. (엘 레 딸레.)

Elles sont allées. (엘 쏭 딸레.)

 **Leçon 9** (neuf) (뇌프) **Invitation** (1) (앵비따씨옹)

C. Étude

Ⓐ 다음 단어의 뜻을 쓰시오.

1. invitation/
2. hier/
3. soir/
4. appartement/
5. sonner/
6. porte d'entrée/
7. difficile/
8. ici/
9. acheter/
10. boire/
11. sûr(e)/

Ⓑ 질문에 적절한 답을 쓰시오.

1. assieds의 원래의 형태는?
2. 초대하다의 복합과거형은?
3. Ça va? = Are you all (   )?
   Ça va bien et toi? = All right and (   )?
4. Très bien. = Very (   )
5. quelque chose de spécial = (   ) special
6. Bien sûr que non. = Of (   ) not.
7. pour toi = (   ) you.

 Leçon 9 (neuf) (뇌프) Invitation (1) (앵비따씨옹)

D. Exercise

1. Où est-ce que Marie a invité Paul?
   (우에스끄 마리 아 앵비떼 뿔?)

2. Paul a trouvé la maison facilement?
   (뽈 아 트루베 라 메종 화씰르망?)

3. Qu'est-ce que Paul a acheté?
   (께스끄 뽈 아 아쉬떼?)

4. Il a acheté un gâteau pour qui?
   (일라 아쉬떼 앵 갸도 뿌흐 끼?)

5. Il aime boire un café?
   (일 렘 브와흐 앵 까페?)

샹젤리제 거리(Champ-Elysées)

　개선문이 있는 샤를 드골 광장에서 꽁꼬르드 광장에 이르는 빠리의 대표적인 거리로 서울의 강남대로 정도와 비교하면 될 것 같다. 빠리 8구에 있으며 길이는 약 2km (1,880m)이고 폭은 약 70m 이다.
　샹젤리제 중간 쯤에 연결되어 있는 몽떼뉴 가(Avenue Montaigne)에는 루이 뷔똥, 크리스티앙 디오르, 샤넬, 구찌 등 명품 브랜드 매장들이 집결해 있다.
　언제나 관광객들과 빠리 시민들로 넘쳐나며 프랑스의 가장 큰 국경일인 7월 14일 혁명 기념일에는 개선문에서 출발하여 꽁꼬르드 광장까지 대통령을 선두로 군사 퍼레이드가 펼쳐진다. 인도(人道)가 특히 넓으며 크리스마스 전후로는 화려한 야경이 압도적이다.

10 Leçon 10 (dix) (디스) Invitation (2) (앵비따씨옹)

A. Expression (엑스프레씨옹)

Marie : C'est vraiment délicieux, ce gâteau.
(쎄 브레망 델리 씨으, 쓰 갸또.)

Paul : Merci, Marie. (메흐씨, 마리.)
Je veux voir beaucoup d'étudiants français.
(쥬 브 브와흐 보꾸 데뛰디앙 프랑쎄.)

Marie : Tu connais le Quartier Latin?
(뛰 꼬넬 르 꺄흐띠에 라땡?)

Paul : Non, je ne le connais pas. (농, 쥬 늘르 꼬네 빠.)
Qu'est-ce que c'est? (께스끄 쎄?)

Marie : C'est le quartier des étudiants. (쎌 르 꺄흐띠에 데 제뛰디앙.)
Il y a beaucoup d'étudiants français, (일리아 보꾸 데뛰디앙 프랑쎄)
et beaucoup d'étudiants étrangers surtout en été.
(에 보꾸 데뛰디앙 에트랑쥐 쒸흐뚜 앙 네떼.)

 # Leçon 10 (dix) (디스) Invitation (2) (앵비따씨옹)

Paul : Ah, j'aime aller au Quartier Latin. (아 쥄알레 오 꺄흐띠에 라땡)

마리 : 이 케이크 정말 맛있네.
뽈 : 고마워.
  프랑스 대학생들을 많이 만나보고 싶어.
마리 : 꺄흐띠에 라땡 알아?
뽈 : 아니, 모르겠어. 그게 뭔데?
마리 : 학생들의 지역이랄까. 대학생들이 많아.
  그리고 특히 여름에는 외국인 대학생들도 많아.
뽈 : 아, 그래. 가보고 싶네.

10 Leçon 10 (dix) (디스) Invitation (2) (앵비따씨옹)

B. Complément

단어

1. vraiment/ ad.   정말, 사실로   (really)
2. délicieux(se)/ a. 맛있는   (delicious)
3. connaître/ v.   알다   (to know)
4. quartier/ n.m.   지역, 지구, 동네   (district, area)
5. latin(e)/ a.   라티움의, 라틴적인   (Latin)
6. beaucoup/ ad.   많이, 대단히   (a lot, much)
7. étranger(ère)/ a. 외국의   (foreign)
8. surtout/ad.   특히, 특별히   (especially)
9. en été/ loc.ad.   여름에   (in summer)
10. plus/ ad.   더, 더 많이   (more)
11. pesronne/ n.f.   사람, 자아   (person)
12. gare/ n.f.   (기차) 역   (train station)
    arrêt de bus/   (버스) 정거장 (아레 드 뷔스)   (bus stop)
    station de métro/ 지하철 역(스따씨옹 드 메트로) (subway station)
13. mauvais(e)/a.   나쁜, 맛없는   (bad)
14. goût/n.m.   맛, 식욕   (taste)

Leçon 10 (dix) (디스) Invitation (2) (앵비따씨옹)

도움말

1. 부정문

   몇 가지 표현이 있으나 'ne + 동사 + pas'가 일반적이다.

   Non, je ne le connais pas. (부정)

   Oui, je le connais. (긍정) (위 쥴르 꼬네.)

   'ne + 동사 + plus' 더 이상 ~ 아니다.

   Il n'y a plus pesronne dans la gare de Lyon.

   (일 니아 쁠뤼 뻬흐손느 당라 갸흐 들리옹.)

   이제 리옹역에는 아무도 없다.

Leçon 10 (dix) (디스) Invitation (2) (앵비따씨옹)

C. Étude

Ⓐ 아래 단어의 뜻을 쓰시오.

1. vraiment/
2. délicieux/
3. gâteau/
4. quartier/
5. beaucoup/
6. étranger/
7. surtout/
8. pesronne/
9. gare/

Ⓑ 해당하는 답을 쓰시오.

1. connaître의 1인칭 변화형은?
2. en été/ in (   )
3. Tu connais le Quartier Latin ?
   Non, je (   ) le connais (   ).

Leçon 10 (dix) (디스) Invitation (2) (앵비따씨옹)

D. Exercise

1. Le gâteau est mauvais? (르 갸또 에 모베?)
   Le gâteau a mauvais goût? (르 갸또 아 모베 구?)

2. Qui est-ce qu'il veut voir?
   (끼 에스낄 브와흐?)

3. Paul connaît le Quartier Latin?
   (뽈 꼬넬르 꺄흐띠에 라땡?)

4. Au Quartier Latin, il y a beaucoup d'étudiants coréens?
   (오 꺄흐띠에 라땡, 일리아 보꾸 데뛰디앙 꼬레앙?)

5. Il aime aller au Quartier Latin?
   (일렘 알레 오 꺄흐띠에 라땡?)

빠리 지도

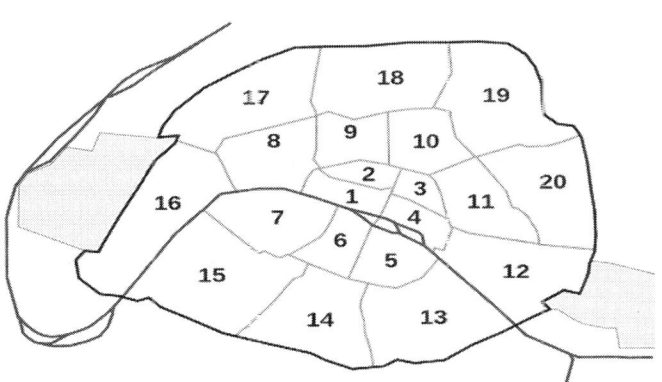

빠리의 20 arrondisement
중심을 가르는 선은 세느 강, 양쪽에는 불로뉴 숲과 뱅센느 숲으로 빠리의 대표적인 숲이다.

빠리는 사실 면적은 크지 않아서 서울의 1/2도 되지 않는다. 그러나 빠리 교외의 교통 통신 등이 빠리 시내와 잘 연결돼 있어서 도시기능은 넓은 편이다. 서울의 종로구, 강남구 등, 구(區)에 해당하는 지역을 아롱디스망(arrondissement)이라 하고 빠리 중심부로부터 시계방향으로 나가 1, 2, 3, … 으로 전개되어 20개가 있다.

서울은 한강을 중심으로 흔히 강남, 강북으로 구분하지만 빠리는 세느 강의 흘러가는 방향(한강처럼 동쪽에서 서쪽으로)을 기준으로 rive gauche(좌안 左岸), rive droite(우안 右岸)으로 부른다. 서울과는 달리 서울의 강남에 해당하는 rive gauche보다는 대체로 rive droite가 더 부유하다. Quartier Latin과 많은 대학, 고등학교, 그랑제꼴이 rive gauche에 있다.

3부

규칙 동사와 불규칙 동사표

I   불규칙 동사
II   1군 규칙 동사
III   2군 규칙 동사

I 불규칙 동사

1. avoir (아부와흐) (to have)

J'ai	(줴)	Nous avons	(누 자봉)
Tu as	(뛰 아)	Vous avez	(부 자베)
Il a	(일 라)	Ils ont	(일 종)
Elle a	(엘 라)	Elles ont	(엘 종)

2. être (애트르) (to be)

Je suis	(쥬 쒸)	Nous sommes	(누 쏨)
Tu es	(뛰 에)	Vous êtes	(부 젯뜨)
Il est	(일 레)	Ils sont[22]	(일 쏭)
Elle est	(엘 레)	Elles sont	(엘 쏭)

3. faire (풰흐) (to do, to make)

Je fais	(쥬 풰)	Nous faisons	(누 프종)
Tu fais	(뛰 풰)	Vous faites	(부 풰뜨)
Il fait	(일 풰)	Ils font	(일 퐁)
Elle fait	(엘 풰)	Elles font	(엘 퐁)

---

22) Ils ont/ Elles ont [z] (일종/ 엘종)
    Ils sont/ Elles sont [s] (일쏭/ 엘쏭)

4. pouvoir (뿌브와흐) (can)

Je	peux (쥬 쁘)	Nous	pouvons	(누 뿌봉)
Tu	peux (뛰 쁘)	Vous	pouvez	(부 뿌베)
Il(Elle)	peut (일 쁘)	Ils(Elles)	peuvent	(일 쀄브)

5. prendre (프랑드흐) (to take)

Je	prends (쥬 프랑)	Nous	prenons	(누 프르농)
Tu	prends (뛰 프랑)	Vous	prenez	(부 프르네)
Il(Elle)	prend (일 프랑)	Ils(Elles)	prennent	(일 프렌느)

6. vouloir (불루와흐) (to want)

Je	veux (쥬 브)	Nous	voulons	(누 불롱)
Tu	veux (뛰 브)	Vous	voulez	(부 불레)
Il(Elle)	veut (일 브)	Ils(Elles)	veulent	(일 뷜르)

7. aller (알레) (to go)

Je	vais (쥬 베)	Nous	allons	(누 잘롱)
Tu	vas (뛰 바)	Vous	allez	(부 잘레)
Il(Elle)	va (일 바)	Ils(Elles)	vont	(일 봉)

8. venir (브니흐) (to come), devenir (드브니흐) (=to become)

Je	viens (쥬 비앵)	Nous	venons	(누 브농)
Tu	viens (뛰 비앵)	Vous	venez	(부 브네)
Il(Elle)	vient (일 비앵)	Ils(Elles)	viennent	(일 비엔느)

9. connaître (꼬네트르) (to know)

Je	connais (쥬 꼬네)	Nous	connaissons (누 꼬네쏭)
Tu	connais (뛰 꼬네)	Vous	connaissez (부 꼬네쎄)
Il(Elle)	connaîs (일 꼬네)	Ils(Elles)	connaissent (일 꼬네쓰)

10. asseoir (아쓰와흐) (to sit)

10-1
J'assieds	(좌씨에)	Nous	asseyons (누 자쎄이용)
Tu assieds	(뛰 아씨에)	Vous	asseyez (부 자쎄이예)
Il(Elle) assied	(일 라씨에)	Ils(Elles)	asseyent (일 자쎄이으)

10-2
J'assois	(좌쓰와)	Nous	assoyons (누 자쓰와이용)
Tu assois	(뛰 아쑤와)	Vous	assoyez (부 자쓰와이예)
Il(Elle) asssoit	(일 라쑤와)	Ils(Elles)	assoient (일 자쓰와)

11. boire (브와흐) (to drink)

Je	bois (쥬 부아)	Nous	buvons (누 뷔봉)
Tu	bois (뛰 부아)	Vous	buvez (부 뷔베)
Il(Elle)	boit (일 부아)	Ils(Elles)	boivent (일 부아브)

12. sortir (쏘흐띠흐) (to go out)

Je	sors (쥬 쏘흐)	Nous	sortons (누 쏘흐똥)
Tu	sors (뛰 쏘흐)	Vous	sortez (부 쏘흐떼)
Il(Elle)	sort (일 쏘흐)	Ils(Elles)	sortent (일 쏘흐뜨)

II 1군 규칙 동사

어미가 -er로 끝나며 인칭에 따른 어미변화는 아래와 같다.

habiter 1군 규칙동사의 어미변화는

- -e   -ons
- -es   -ez
- -e   -ent[23]

1. habiter (아비떼) (to live)

J'habite	(좌비뜨)	Nous habitons	(누 자비똥)
Tu habites	(뛰 아비뜨)	Vous habitez	(부 자비떼)
Il(Elle) habite	(일 라비뜨)	Ils(Elles) habitent	(일 자비뜨)

2. 변형 1   acheter (아쉬떼) (to buy)

J'achète	(좌쉐 뜨)	Nous achetons	(누 자쉬똥)
Tu achètes	(뛰 아쉐뜨)	Vous achetons	(부 자쉬떼)
Il(Elle) achète	(일 라쉐뜨)	Ils(Elles) achètent	(일 자쉐뜨)

   1군 동사(-er로 끝나는 대부분의 동사)의 변형으로 마지막 자음 [t] 앞 위로 무음(無音)이 와서 발음이 단조롭게 되는 현상을 방지

---

23) 주의 / -e, -es, -e, … -ent 는 無音 [으]로 발음된다.

하기 위한 것이다. t 앞의 e는 무음인데, 1군동사 변화 어미 중에서 -e, -es, -e, -ent 가 오게 되면 t 앞과 뒤로 무음이 오게 되어 이를 방지하기 위해 t 앞의 e를 발음이 있는 è[에, 애] 로 바꾸게 된다.

3. 변형 2 appeler (아쁠레) (to call)

J'appelle (좌뻴)   Nous appelon (누 자쁠롱)
Tu appelles (뛰 아뻴)   Vous appelez (부 자쁠레)
Il(Elle) appelle (일 라뻴) Ils(Elles) appellent (일 자뻴)

acheter에서는 e를 발음이 있는 è[에, 애] 로 바꾸지만 이 경우에는 e의 발음을 è[에, 애]로 바꾸는 대신에 어간의 마지막 자음을 반복해주고 e를 [에]로 발음 하도록 하는 것도 있다.

4. 변형 3 commencer (꼬망쎄) (to begin)

Je commence (쥬 꼬망스)   Nous commençons (누 꼬망쏭)
Tu commences (뛰 꼬망스)   Vous commencez (부 꼬망쎄)
Il(Elle) commence(일 꼬망스) Ils(Elles) commencent(일 꼬망스)

5. 변형 4 manger (망줴) (to eat)

Je   mange (쥬 망쥬)   Nous   mangeons (누 망종)
Tu   manges (뛰 망쥬)   Vous   mangez (부 망줴)
Il(Elle) mange (일 망쥬) Ils(Elles) mangent (일 망쥬)

Ⅲ 2군 규칙 동사

어미가 -ir로 끝나며 인칭에 따른 어미변화는 아래와 같다.

- -is   -issons
- -is   -issez
- -it   -issent[24]

1. finir (휘니흐) (to finish)

    Je   finis (쥬 휘니)   Nous   finissons (누 휘니쏭)
    Tu   finis (뛰 휘니)   Vous   finissez (부 휘니쎄)
    Il(Elle) finit (일 휘니)   Ils(Elles) finissent (일 휘니쓰)

2. choisir (슈와지흐) (to choose)

    Je   choisis (쥬 슈와지)   Nous   choisissons (누 슈와지쏭)
    Tu   choisis (뛰 슈와지)   Vous   choisissez (부 슈와지쎄)
    Il(Elle) choisit (일 슈와지) Ils(Elles) choisissent (일 슈와지쓰)

---

24) -ent는 발음이 없다.

4부

해답

1. Leçon 1
2. Leçon 2
3. Leçon 3
4. Leçon 4
5. Leçon 5
6. Leçon 6
7. Leçon 7
8. Leçon 8
9. Leçon 9
10. Leçon 10

Leçon 1

C. Étude

1. coréen(ne)/   한국 남자(여자)
2. oui, non/   예, 아니오
3. suis, est/   ~이다
4. Corée du Sud/   남한
5. Corée du Nord/   북한
6. quel(le)/   어느, 어떤, 무슨
7. est/   ~이다
8. votre/   당신의, 너의
9. nationalité/   국적, 민족[25]

4. du는 축약관사로 de + le 이다. 영어의 of the 정도에 해당한다. Leçon 4. Complément 도움말 2. 참고.

6. quel(m), quelle(f), quels(m.pl), quelles(f.pl)이며 발음은 모두 [껠] 이다.

---

[25] 여자이거나 남자이거나 자기의 국적을 말할 때는 ma nationalité (my nationality)라고 한다. nationalité가 여성명사 이므로 mon nationalité 라고 쓸 수 없다. Leçon 3. 도움말 3 참조.

7. [에] 라고 읽으며 [으스뜨]로 읽으면 동쪽(east)의 뜻이 된다.

8. votre는 your에 해당하며 남성 여성이 동일한 형태이다.
   Leçon 3. Complément 도움말3. 참고.
   votre portable (m) (보트르 뽀흐따블)   당신(들)의 핸폰
   votre imprimente (f) (보트르 앵프리망뜨) 당신(들)의 프린터
   동일하게 our에 해당하는 notre도 votre처럼 남성, 여성이 같다.
   notre clavier (m) (노트르 끌라비에)   우리(들)의 키보드
   notre souris (f)   (노트르 수리)   우리(들)의 마우스

D. Exercice

1. Quelle est votre nationalité? (껠레 보트르 나씨오날리떼?)
   한국 사람입니다.

2. Est-ce que vous êtes Coréen(ne)? (에스끄 부젯뜨 꼬레앙(엔))?
   네, 한국 사람입니다.

3. Est-ce que vous êtes Chinois(e)? (에스끄 부젯뜨 쉬누아(즈)?)
   아니요, 한국 사람입니다.

4. Vous êtes de quel pays? (부젯뜨 드 껠 뻬이?)
   D'où venez-vous? (두 브네 부?)
   남한 사람이에요.
   남한에서 왔어요.

5. Vous êtes de Corée du Nord? (부젯뜨 드 꼬레 뒤 노흐?)

   아니요, 남한 사람이에요.

   아니요, 남한에서 왔어요.

Leçon 2

C. Étude

Ⓐ 다음 단어의 뜻을 쓰시오.

1. étudiant(e)/ 대학생
2. lycéen(ne)/ 고등학생
3. an/ 살, 해, 년

Ⓑ 질문에 답하세요.

1. me appelle, Je habite을 바로 표기하시오.

   m'appelle J'habite[26]

---

[26] 앞 단어의 모음이 생략되는데, 읽기는 하나의 단어로 읽는다.

2. un peu 를 영어로 쓰면?/

   a little

3. 다음 숫자를 아라비아 숫자로 쓰시오

   a. cinq (5)   b. seize (16)   c. vingt (20)

D. Exercice

1. Comment vous appelez-vous?[27] (꼬망 부 자쁠레-부?)

   마리 로랑

2. Qu'est-ce que vous faites dans la vie?[28]
   (께스끄 부 펫뜨 당 라 비?)

   대학생

3. Quel[29] âge avez-vous? (껠라쥬 아베-부?) (껠라 자베 부?)

   나는 20살입니다.

   나는 21살입니다.

   나는 22살입니다.

---

27) 앞의 vous가 목적어로 '당신을'이고 뒤의 vous가 '당신은'이다.
    앞부분 영어와의 차이점에 있듯이 대명사가 주어이면 도치시키고 -(트레뒤니옹)을 붙인다.

28) Quelle est votre profession? 도 같은 의미이다.

29) quel은 수량을 나타내기도 한다. Quel âge avez-vous ? (How old are you ?)

4. Où est-ce que vous habitez? (우 에스끄 부 자비떼?)

쌩-쟈크가에 삽니다.

서울에 삽니다.

5. Vous parlez français? (부 빠흘레 프랑세?)

조금 해요.

못해요.

③ Leçon 3

Ⓐ 아래 단어의 뜻을 쓰시오.

1. présenter / 소개하다.
2. famille / 가족
3. parents / 부모
4. belle / 아름다운
5. gros / 뚱뚱한
6. agent de police / 경찰관
7. faire du vélo / 자전거 타다

ⓑ 질문에 답하시오.

1. 남성, 여성, 복수 le la les
2. coiffeur
3. de
4. to ride a bike [30]
5. vous

ⓒ 괄호에 적당한 말을 쓰세요.

mon	ma	(mes)	notre	(notre)	nos
ton	(ta)	tes	votre	votre	(vos)
(son)	sa	ses	leur	leur	(leurs)

ⓓ 해당하는 프랑스어를 쓰세요.

1. sa mère 2. son père
3. sa mère 4. son père

D. Exercice

1. Marie est lycéenne? (마리 에 리쎄엔느?)

   소르본 대학생

---

30) 여기서 영어 동사에 to를 붙이는 것은, to+동사원형이 부정사로 명사, 형용사, 부사로 쓰이듯이 프랑스어에서는 동사원형 자체가 그러하게 쓰이기 때문이다.

2. Elle habite seule? (엘 라비뜨 쐴?)
   부모님

3. (sa mère) Qu'est-ce qu'elle fait dans la vie? (께스껠 훼 당라비?)
   미용사

4. Qu'ce-qu'elle aime? (께스껠 렘?)
   영화

5. Son papa est mince? (쏭 빠빠 에 멩스?)
   아니요.

6. Qu'est-ce qu'il fait dans la vie? (께스낄 훼 당라비?)
   경찰관

7. Il aime faire de la natation? (일렘 훼호 들라 나따씨옹?)
   자전거

 Leçon 4

C. Étude

Ⓐ 아래 단어의 뜻을 쓰시오

1. grand / 키가 큰, 덩치가 큰
2. beaucoup / 많이, 대단히
3. cinéma / 영화(관)
4. le jeu électronique / 컴퓨터 게임
5. joli(e) / 예쁜, 귀여운
6. chanson / 노래
7. habiter / 살다, 거주하다
8. adorer / 매우 좋아하다

Ⓑ 아래 단어들의 반대 성(性)을 쓰시오.

1. étranger / étrangère
2. chanteur / chanteuse
3. cette / ce
4. programmeur / programmeuse

Ⓒ 아래 두 말을 영어로 쓰시오

1. frère / (brother)[31]
2. soeur / (sister)[32]

---

31) 형, 오빠 frère aîné (프레흐 에네) / 남동생 frère cadet (프레흐 까데)
또는 petit frère (쁘띠 프레흐)
32) 누나, 언니 soeur aînée (쐬흐 에네) / 여동생 soeur cadette (쐬흐 까데뜨)
또는 petite soeur (쁘띠뜨 쐬흐)

Ⓓ 적당한 인칭대명사를 넣으시오.

La Tour Eiffel est à Paris?
Oui, (elle) est à Paris.

Ⓔ 관사를 축약하여 쓰세요

1. café à le lait / café au lait
2. à les Champs-Élysées / aux Champs-Élysées
3. de les États-Unis / des États-Unis
4. à le enfant / à l'enfant

D. Exercice

1. (son frère) Qu'est-ce qu'il fait (dans la vie)?
   (께스낄 훼 당 라 비?)
   고등학생

2. Est-ce que Jean est petit?
   (에스끄 쟝 에 쁘띠?)
   아니요.

3. Qu'est-ce qu'il adore?
   (께스낄 라도흐?)
   컴퓨터 게임

4. Pourquoi il veut devenir programmeur?

   (뿌꾸아 일 브 드브니흐 프로그라뫼흐?)

   왜냐하면

5. Au matin sa soeur va au collège?

   (오 마땡 싸 쒀흐 바 오 꼴레쥬?)

   네.

6. Cécile est jolie?

   (쎄씰 에 졸리?)

   네, 그렇습니다.

7. Elle aime lire?

   (엘렘 리흐?)

   노래와 춤

8. Où est-ce que la famille Laurant habite?

   (우에스 끌 라 화미으 로항 아비뜨?)

   쌩-쟈크가

9. Qu'est-ce qu'on voit dans cette rue?

   (께스꽁 부아 당 쎗뜨 휘?)

   소르본대학과 루이 르 그랑고등학교

5 Leçon 5

C. Étude

Ⓐ 다음 단어의 뜻을 쓰시오.

1. rue / 거리, 길
2. pont / 다리
3. quai de Seine / 세느 강변 도로, 세느 강변
4. passer / 통과하다, 지나다
5. à pied / 도보로, 걸어서
6. tout troit / 앞으로 곧장, 직진

Ⓑ 적당한 답을 쓰시오.

1. près 의 반의어 / loin
2. gauche의 반의어 / droite

D. Exercice

1. Marie et Paul, où est-ce qu'ils sont?
   (마리 에 뽈, 우 에스낄 쏭?)
   빠리의 한 거리

2. Il veut aller aux Champs-Elysées?

   (일 브 딸레 오 샹젤리제?)

   루브르박물관

3. Il va au Musée du Louvre en vélo?

   (일 바 오 뮈제 뒤 루브르 앙 벨로?)

   도보(徒步)

4. C'est lion?

   (쎄 루앙?)

   아니요.

5. D'abord, il tourne à gauche?

   (다보흐, 일 뚜흐느 아 고쉬?)

   곧장

6. Où est-ce qu'il tourne à droite?

   (우 에스낄 뚜흐느 아 드후아뜨?)

   세느 강변

7. Il tourne à droite au pont du Carrousel?

   (일 뚜흐느 아 드후아뜨 오 뽕 뒤 꺄후젤?)

   왼쪽

8. Qu'est-ce qu'il fait à la fin?

   (께스낄 일 훼 알 라 휑?)

   다리를 건넙니다.

Leçon 6

C. Étude

Ⓐ 다음 단어의 뜻을 쓰시오.

1. se réveiller / 잠에서 깨다
2. de bonne heure / (아침)일찍, 이른 시간에
3. en retard / 늦게
4. à côté de / (의) 옆에
5. parc / 공원
6. immeuble / 건물
7. marcher / 걷다
8. petit déjeuner / 아침식사
9. chez / 집에서, 집으로
10. besoin / 필요
11. chance / 운, 행운
12. légume / 채소
13. argent / 돈, 은(銀)

Ⓑ 아래 두 단어의 발음을 한국어로 쓰시오.

1. pain au chocolat / 뺑 오 쇼꼴라
2. café au lait / 꺄페 올레

D. Exercise

1. Marie se réveille en retard?

   (마리 쓰 헤베이으 앙 흐따흐?)

   일찍

2. Elle se réveille à quelle heure?

   (엘 쓰 헤베이으 아 껠 뢰흐?)

   6시

3. Où est-ce qu'elle va à six heures?

   (우 에스껠 바 아 씨 쥐흐?)

   공원

4. Elle prend petit déjeuner au café?

   (엘 프랑 쁘띠 데쥐네 오 꺄페?)

   집에서

5. Qu'est-ce qu'elle mange au petit déjeuner?

   (께스껠 망쥬 오 쁘띠 데쥐네?)

   pain au chocolat

6. Elle boit du café allongé?[33]

   (엘 브와 뒤 꺄페 알롱쥐?)

   café au lait

---

33) 아메리카노처럼 묽은 커피

7. Après ça, qu'est-ce qu'elle fait?

   (아프레 싸, 께스껠 훼?)

   나가요.

8. Elle prend le bus?

   (엘 프랑 르 뷔스?)

   지하철

Leçon 7

C. Étude

Ⓐ 단어의 뜻을 쓰시오.

1. avant-midi / 오전
2. cours / 강의, 수업
3. parfois / 때때로
4. étudier / 공부하다
5. tout / 전부의, 모든
6. intétêt / 관심, 이자
7. guide touristique / 관광 가이드

8. regarder / 보다

9. apprendre / 배우다

10. beau / 아름다운

11. utile / 유용한

12. se coucher / 잠자리에 들다

Ⓑ 서로 대응 되는 단어를 쓰시오.

1. tôt ↔ (tard)

2. pourquoi ↔ (parce que)

3. parce que ↔ (pourquoi)

Ⓒ c'est bon을 영어로 쓰시오.

It's good.

D. Exercise

1. L'après-midi, elle va au restaurant?
   (라프레미디, 엘 바 오 헤스토랑?)
   꺄페

2. Avec qui elle va au café parfois?
   (아벡끼 엘 바 오 꺄췌 빠흐후아?)
   친구

3. Pourquoi elle étudie l'anglais? (뿌꾸아 엘 에뛰디 랑글레?)
   관광가이드

4. Pourquoi elle regarde la pièce d'anglais?
   (뿌꾸아 엘 흐갸흐들 라 삐에스 당글레?)
   왜냐하면

5. Elle regarde les pièces d'anglais tous les jours.?
   (엘 흐갸흐들 레 삐에스 당글레 뚤레 쥬흐?)
   그렇습니다.

6. Elle se couche tard?
   (엘 스 꾸쉬 따흐?)
   아니요.

 Leçon 8

C. Étude

Ⓐ 다음 단어의 뜻을 쓰시오

1. semaine / 주 (week)

2. dernier(ère) / 지난

3. vu(e) / 보다(voir)의 과거분사

4. aujourd'hui / 오늘

5. anniversaire / 생일

6. cadeau / 선물

7. ravi(e) / 매우 좋아하는

Ⓑ 괄호를 채우시오.

1. copain ↔ (copine)

2. Bon anniversaire. = (Happy) birthday.

3. Joyeux anniversaire. = (Bon) anniversaire.

4. Pas de quoi = (Don't) mention it.

D. Exercise

1. Paul a vu Marie?[34]

    (뽈 아 뷔 마리?)

    네, 그녀를 만나요.

2. Marie a vu Paul?

    (마리 아 뷔 뽈?)

    네, 그를 만나요.

---

34) 복합과거 시제에서 목적어가 앞에 올 때, 과거 분사의 성과 수를 목적어에 일치 시킨다. 여기서 l'는 la (=Marie)이므로 과거분사 vu에 여성형 e를 붙인 것이다.

3. Qui a fait petit cadeau à Paul?

   (끼 아 훼 쁘띠 꺄도 아 뽈?)

   마리

4. Paul est content?

   (뽈 에 꽁땅?)

   네, 아주 좋아해요.

5. Est-ce que Marie n'est pas gentille?[35]

   (에스끄 마리 네 빠 쟝띠으?)

   아니요.

6. Ce soir, qu'est-ce qu'ils vont faire[36]?

   (쓰 스와흐, 께스낄 봉 훼흐?)

   영화

---

35) 부정으로 물었을 때, 긍정의 답변은 Oui, 가 아니라 Si로 답한다.
   Vous n'êtes pas coréen?   (한국인 아니세요?)
   Si, je suis coréen.   (아니요, 한국인입니다.)
   Non, je ne suis pas coréen. (네, 한국인 아닙니다.)

36) aller + inf(동사원형)은 가까운 미래를 말해서 영어의 be going to에 해당한다.
   What are they going to do this evening?

 Leçon 9

C. Étude

Ⓐ 다음 단어의 뜻을 쓰시오.

1. invitation / 초대
2. hier / 어제
3. soir / 어제
4. appartement / 아파트
5. sonner / (종, 벨) 울리다
6. porte d'entrée / 현관
7. difficile / 어려운
8. ici / 여기
9. acheter / 사다
10. boire / 마시다
11. sûr / 확실한

Ⓑ 질문에 적절한 답을 쓰시오.

1. asseoir
2. avoir + invité
3. right, you
4. well

5. something

6. course

7. for

D. Exercise

1. Où est-ce que Marie a invité Paul?[37]
   (우에스끄 마리 아 앵비떼 뽈?)
   아파트

2. Paul a trouvé la maison facilement?[38]
   (뽈 아 트루베 라빠흐 화씰르망?)
   네, 그렇습니다.

3. Qu'est-ce que Paul a acheté?
   (께스끄 뽈아 아쉬떼?)
   케이크

4. Il a acheté un gâteau pour qui?
   (일라 아쉬떼 앵 갸또 뿌흐 끼?)
   마리

---

37) l' = le (him) = Paul 남성이므로 invité
38) l' = la (it) = maison 여성이므로 trouvée

5. Il aime boire bien un café?

   (일렘 브와흐 비앵 앵꺄페?)

   밀크티

Leçon 10

C. Étude

Ⓐ 아래 단어의 뜻을 쓰시오.

1. vraiment / 정말 (really)
2. délicieux / 맛있는
3. gateau / 케이크
4. quartier / 지역, 동네
5. beaucoup / 많이, 대단히
6. étranger / 외국인
7. surtout / 특히
8. pesronne / 사람
9. gare / (기차) 역

Ⓑ 해당하는 답을 쓰시오.

1. connaître의 1인칭 변화형은?   connais
2. en été / in (summer)
3. Tu connais le Quartier Latin ?
   Non, je (ne) le connais (pas).

D. Exercise

1. Le gateau est mauvais? (르 갸또 에 모베?)
   Le gateau a mauvais goût? (르 갸또 아 모베 구?)
   아니요.

2. Qui est-ce qu'il veut voir?
   (끼 에스낄 브 브와흐?)
   프랑스 대학생들

3. Il connaît le Quartier Latin?
   (일 꼬네 르 꺄흐띠에 라땡?)
   아니요.

4. Au Quartier Latin, il y a beaucoup d'étudiants coréens?
   (오 꺄흐띠에 라땡 일리아 보꾸 데뛰디앙 꼬레앙?)
   프랑스 대학생과 외국인 대학생

5. Il aime aller au Quartier Latin?[39]
   (일렘 알레 오 꺄흐띠에 라땡?)
   네.

---

39) y = au Quartier Latin

글로벌 프랑스어 첫걸음

초판 1쇄 발행일 2016년 08월 26일

지은이 이필성
펴낸이 박영희
책임편집 김영림
디자인 박희경
마케팅 임자연
인쇄·제본 태광 인쇄
펴낸곳 도서출판 어문학사
　　　　서울특별시 도봉구 쌍문동 523-21 나너울 카운티 1층
　　　　대표전화: 02-998-0094/편집부1: 02-998-2267, 편집부2: 02-998-2269
　　　　홈페이지: www.amhbook.com
　　　　트위터: @with_amhbook
　　　　페이스북: https://www.facebook.com/amhbook
　　　　블로그: 네이버 http://blog.naver.com/amhbook
　　　　다음 http://blog.daum.net/amhbook
　　　　e-mail: am@amhbook.com
　　　　등록: 2004년 4월 6일 제7-276호

ISBN 978-89-6184-418-5 13760
정가 10,000원

이 도서의 국립중앙도서관 출판예정도서목록(CIP)은 e-CIP 홈페이지(http://www.nl.go.kr/ecip)와
국가자료공동목록시스템(http://www.nl.go.kr/kolisnet)에서 이용하실수 있습니다.
(CIP제어번호: CIP 2016019617)

※잘못 만들어진 책은 교환해 드립니다.